MISHNÉ TORÁ
HILJOT IESODÉ HATORÁ

© BN Publishing
Fax: 1 (815)6428329
Contact Us: info@bnpublishing.net
www.bnpublishing.net

Diseño y diagramación: K.S

Diseño Portada: J.N.

INDICE

MISHNÉ TORÁ

HILJOT IESODÉ HATORÁ

LEYES DE LOS FUNDAMENTOS DE LA TORÁ

En estos capítulos, están compilados diez preceptos; de ellos seis preceptos activos[1] y cuatro pasivos[2], y este es su desglose:

I)   Saber que Existe Dios.

II)   No suponer que Existe otro fuera de Él.

III)   Unicidad de Dios.

IV)   Amarlo.

V)   Temerlo.

VI)   Santificar Su Nombre.

VII) No profanar Su Nombre.

VIII) No destruir objetos en los cuales esta escrito el Nombre de Dios.

IX)   Obedecer al profeta que habla en nombre de Dios.

X)   No someterlo a prueba.

La elucidación de estos preceptos se abordará en los siguientes capítulos.

---

[1] Es decir aquellos preceptos que nos encomiendan hacer algo en forma activa.

[2] Aquellos preceptos que nos encomiendan abstenernos de hacer algo.

CAPÍTULO 1:

1.- Fundamento de todo fundamento[3] y base de toda sabiduría[4], consiste en saber[5] que hay

---

[3] En el ámbito teológico. Sin esto no existe ningún principio de fe.

[4] En el ámbito científico. Sin ello no existe ciencia, pues todo análisis científico, serio, no se conforma sólo con las consecuencias , sino que también busca las causas. ¿ Qué es lo que causó todo esto? A pesar de que existan hoy en día científicos que no creen en Dios, ello se debe dos motivos: 1)que la ciencia moderna se especializa en temas específicos y no en el todo, en el árbol y no en el bosque; es decir no se busca llegar a la esencia del asunto en general, sino en el ente estudiado en particular, llegando a investigar la causa que causó a este ente sin investigar también qué causó a esa otra causa, así hasta llegar a la causa primera. 2) Muchas veces los científicos tienen distorsionado el concepto de Dios. El científico honesto, busca la verdad, y cree en ella. La verdad más absoluta es aquella que no depende de nada. Tal como ya lo afirmara Aristóteles. Es posible que no crean en la creación del universo, pero no se niega la existencia de un ser verdadero, entendiendo por verdadero, aquel que es la base de todo, la causa primera, que no precisa de nada para existir. Este concepto minimal y preliminar de Dios, goza de mancomunado consenso.

[5] El precepto en su máxima expresión es saber y no

3

solo creer. Hay tres tipos de saber: 1) El saber por tradición o testimonio (me dijeron que existe un país que se llama Japón). 2) El saber por medio de los sentidos (ciencia empírica) por ejemplo yo veo que el cielo es azul. 3) El saber lógico (ciencia a priori) por ejemplo el entero siempre es mayor que el ½ .

Esta última categoría del saber, es superior a las otras dos, por ejemplo, por más que con mis propios ojos vea a alguien que introduce dos caramelos en una bolsa, luego pone otros dos y luego saca cinco, sostengo, sin lugar a dudas, que se trata de un truco, pues lógicamente es imposible que 2+2=5, claramente vemos que al contraponerse el saber por medio de los sentidos contra el saber lógico, este último predomina. Análogamente, el saber lógico se antepone al tradicional, pues éste último tiene valor siempre y cuando no haya interés de engañarme y que no contradiga la lógica. Por supuesto que en todo caso la excepción es el milagro, es decir, aquella situación en la cual la norma es violada momentáneamente, para luego volver a la norma. No obstante, los milagros no atentan contra la lógica (un milagro no puede sostener: uno que son tres pero siguen siendo uno) Aceptar la situación del milagro, no contradice la lógica, aunque sí contradice las leyes naturales constantes.

No se nos escapa que la sabiduría humana es limitada, pero este nivel de racional "saber de la existencia Divina" es el más alto al que puede acceder un hombre normal. Por sobre este nivel racional, se encuentra el de los profetas que sobrepasan el nivel racional, ya sea por inspiración Divina o por profecía.

una **Existencia primera**[6] y ella es la que hace existenciar todo lo existente, y todo lo

[6] Causa primera. Nótese que el autor no utiliza ninguno de los nombres con los que se denomina a Dios, esto no es casualidad, pues no quiere definir a Dios con algo externo a Él. Así, encontraremos que otros pensadores judíos, describen a Dios como "El Dios de Israel", el Dios de la historia de Israel, el que lo acompaña, lo protege y lo conserva. A pesar de que esto es verdadero, todavía se puede lograr una definición mejor, pues en esta definición, al no percatarse de la presencia de Dios en la historia, fácilmente pueden creer que no es correcta esta premisa y así suponer que todo es falso. Además, esta definición, estaría poniendo a Dios al servicio del hombre, haciendo del hombre el centro, cuando en realidad es al revés. Por último, esta definición, no me habla de la esencia de Dios sino de Sus actos. Hay quienes lo definen como el Juez supremo, aquel que controla y juzga, castigando a los culpables y recompensando a los correcto. También esto es correcto y cierto, pero nuevamente el hombre es el centro y Dios es que preserva su entorno, además este es un acto de Dios, es lo que Él hace, no lo que Él es. Otros lo definen como el Creador; tal como en el anterior, no me habla de la esencia sino de Sus actos, nuevamente pone al hombre como centro es por eso que Maimónides no lo define en base a la creación del mundo, pues cabria la pregunta: ¿Antes de la creación del cosmos, Dios no era definible?, además, el tema de la creación *ex-nihilo* es indemostrable con pruebas indiscutibles (no confundirse, el hecho que veamos un orden magistral en la naturaleza, eso me

habla de alguien que la ordena, y no de un Creador); y entonces, al no poder demostrar la creación, podría también poner en duda la existencia de un Creador. Otros prefieren definir a Dios como Todopoderoso. Esta definición, a diferencia de las anteriores, (Creador, Juez Supremo o Protector de Israel) tiene la supremacía de no estar poniendo al hombre como centro y a Dios a su servicio (**Me** creo, **Me** juzga, **Me** protege), y además es menos factible que se pierda la fe al no poder comprobarlo en la realidad (por ejemplo cuando no puede comprobar la Creación *ex nihilo*, entonces concluye que no existe Creador, o cuando ve aparentes injusticias, concluye que no hay Juez; o cuando le parece que el pueblo judío fue abandonado, entonces no hay un Protector), si bien esta definición de Todopoderoso, sigue refiriéndose a Sus actos y no a Él mismo, está exenta de estas falencias; no obstante debe enfrentarse a un despropósito mayor, tal es que a diferencia de las definiciones anteriores, esta descripción (Todopoderoso), está despojando a Dios de todo valor ético, cosa que no sucede al precisarlo como Creador, Juez o Protector, que imperan en estos conceptos valores tales como: bondad, ética, justicia, etc.   Maimónides estuvo muy pendiente de todos estos temas al tener que definir a Dios, y es por eso que la definición de Dios que utilizará proviene de lo que Él es , es decir, lo poco que nuestra mente flaca puede comprender de Dios, o sea, ¿Quién es Dios? La única existencia verdadera, el que existe siempre, ¿ Cuál es su peculiaridad? Que existe y en eso se diferencia de todo lo demás ya que Su existencia no es como la de los demás. Es una existencia que difiere de cualquier otra no en cantidad sino en calidad, en

existente, desde lo celestial a lo terrenal y lo que hay entre ellos, no existe sino por la verdad de aquella existencia [7].

2.- Si pudiéramos imaginar que Él no existiera, no habría nada que pudiera existir [8].

3.- Y si pudiéramos suponer que ninguna existencia existiera salvo Él, solamente Él existiría y nada se anularía en Él con la

---

esencia es distinta, pues todo lo que existe depende de otras cosas para existir, mientras que Él, elevado por sobre todo, no precisa de nada. Esto es lo que expresa el término hebreo: "Matzui"= existencia independiente, necesaria, contingente; mientras que "Nimtzá" = existencia dependiente; todo esto lo analizará el autor en los próximos párrafos. Luego que este tema queda elucidado, lo próximo a agregar será que Él rige el universo. Esta definición de Dios, no depende de este mundo, ni del hombre.

[7] La palabra más importante de este primer párrafo, es "Existencia" pues este es el tema en cuestión, a saber, que la definición de Dios que empleará el autor es la de Existencia obligatoria de ser, y por ende, distinta a todo lo demás; y esto es lo que desarrollará en los próximos párrafos.

[8] Ya que al depender todo de Él, si Él no Existiera, nada podría Existir, tal como un edificio de 10 pisos, si quitamos el primer piso, los que se apoyan sobre éste se derrumbarían.

anulación de las otras existencias; porque todo lo existente precisa de Él y Él (bendito es) no precisa de ellos [en general] ni de alguno de ellos [en particular]. Por lo tanto, no se puede equiparar Su verdad[9] con la de alguno de ellos.

4.- Esto es lo que el profeta dice: "*El Señor es el Dios verdadero*" (Jeremías. 10:10), Él solo es verdad y no hay en otro una verdad como la suya[10] , eso es lo que la Torá dice: "*No hay otro fuera de Él*" (Números. 4:32) es decir

---

[9] Cuando Maimónides utiliza el termino "verdad" no se refiere al antónimo de falso, sino a verdad en su acepción de real, estable, que no depende de nada.

[10] Es decir no hay otra Existencia verdadera como la Suya, que no dependa de nada y que todo dependa de ella. Existen distintos niveles de verdades. El nivel físico, por ejemplo, tenemos cinco objetos y al cabo de un tiempo uno de ellos se deteriora, ahora quedan cuatro. Esto no quiere decir que no era verdad que habían cinco objetos. Lo que sucede es que era una verdad relativa y muy susceptible a ser modificada por múltiples factores. El próximo nivel es el de la Ética, por ejemplo, amar al prójimo, casi siempre esta premisa es válida, pero existen excepciones, aquellas situaciones en que abandonamos esta regla, por ejemplo el caso de un asesino. Es decir, que no es algo inamovible, constante, sino que puede cambiar. El tercer nivel, el de las leyes físicas, por ejemplo

no hay una existencia verdadera fuera de Él, como la de Él[11].

5.- La existencia, a la que nos referimos, es el Dios del universo, Señor del mundo entero.

---

la ley de la gravedad, donde dos cuerpos se atraen mutuamente, pero hipotéticamente, puede existir un sistema diferente en el cual esta ley no rija, es decir, en teoría, esta ley podría ser distinta. El cuarto nivel, es el de las matemáticas, en realidad, es más estable que los anteriores, tanto en el tiempo como en el espacio, pero las matemáticas son conceptos inventados por el hombre, que utilizados lógicamente funcionan en la realidad (muchos de estos conceptos jamás podrían aplicarse en el mundo físico, tal es el caso de los números negativos). El quinto nivel es el que ostenta la Torá, si bien la Torá nunca cambiará, fue creada por Dios, por ende tuvo un comienzo, no existió desde siempre. Lo que queda claro entonces es que cada uno de estos niveles puede existir o no existir (de hecho hubo momentos en que no existían, antes de ser creados), por lo tanto no son absolutos, y entonces no poseen el grado de "verdad obligatoria de ser" (en hebreo: *Mejuiav hametziut*"). En cambio Dios es la verdad absoluta, obligatoria e imperturbable, hasta el punto tal, que si Él dejara de existir, todo dejaría de existir, al ser que desaparece el agente base, tal como el edificio de varios pisos, al quitarle su base, todos los pisos caen.

[11] No está queriendo decir que fuera de Él nada existe pues el mundo existe y éste no forma parte de Dios,

Es Él quien conduce   la esfera celestial [universo] en continuo movimiento con una fuerza que no tiene fin[12] ni limite[13], una fuerza ininterrumpida; por ser que la esfera celestial está en continuo movimiento, y es imposible que se mueva sin alguien que la haga mover[14], Él (Bendito Él) es el que lo hace mover sin mano ni cuerpo[15].

---

pues el judaísmo rechaza el panteísmo de Espinosa. Tampoco esta negando que fuera de Él exista algo, pues el mundo no es una ilusión, sino que en lo que está poniendo hincapié el versículo, es que no hay otra verdad como la de Él, excepto la de Él.

En resumen, hasta aquí hemos afirmado: Dios existe, no depende de nada y todo depende de Él. Se desprende de aquí, que hay dos tipos de existencias: la obligatoria (Dios) y la opcional (el resto de lo existente)

[12] En el espacio.

[13] En el tiempo.

[14] Quien lo haga pasar de potencia a acto.

[15] Hasta aquí nos   habló de la dependencia del universo con Dios, ahora nos hablará de la relación entre Dios y el universo.

6.- Saber esto es un precepto[16], tal como versa: *"Yo soy el Señor tu Dios"* (Éxodo. 20:2) y todo aquel que supone exista otro Dios fuera de Éste, está transgrediendo el precepto que dice: *"No tendrás otros dioses fuera de Mí"* (Éxodo. 20:3) ya que con este pensamiento reniega del principio básico del cual todo depende [17].

---

[16] Recién después de toda esta introducción nos habla del precepto, aunque lo lógico hubiera sido enunciar primero el precepto y luego los detalles de lo que está incluido en él, mas opto por esta manera, pues antes de decirnos que es nuestro deber tal cosa, debe explicarnos Quién es el que nos perpetúa tal cosa y luego el precepto en sí; pues el que ya cree en Dios, no tiene sentido prescribirle creer en Él, y aquel que no cree en Dios, no tiene sentido que en nombre de Dios le prescribamos creer.

[17] ¿Acaso es factible no violar el precepto: "Yo soy el Señor tu Dios" y al mismo tiempo transgredir: "No tendrás otros dioses delante de Mi"? Lógica y objetivamente hablando, no es posible; pero este mandamiento apunta a que no suponga el hombre medio, que existe otra fuerza, inferior a este Dios, pero que posee independencia de Él y a esta fuerza darle importancia atribuyéndole poderes (aunque, si en realidad es inferior a Dios, entonces no es apropiado servir a esta fuerza, sino sólo a Dios, pues lo digno es alabar a la fuente y no los intermediarios, es decir es inútil alabar a un buen plato de comida por lo rico que es, sino que lo apropiado es alabar

7.- El Dios al que nos referimos es uno, no son dos ni más de dos, sino una unidad absoluta que no puede ser comparada con ninguna otra unidad existente en el universo [18]. No es

---

al cocinero, al que hizo aquel delicioso plato). En resumen. Este precepto: "Yo soy el Señor, tu Dios" posee dos partes, una es la que me habla en los párrafos 1,2,3 y 4, me refiero a aquella existencia necesaria, contingente e independiente de todo lo demás, base de todo lo existente, el segundo aspecto de este precepto es lo que nos dice en el párrafo 5, es decir Su relación con el universo. Aquel que transgrede: "no tendrás otros dioses delante de Mi" esta automáticamente violando el segundo aspecto de "Yo soy el Señor, tu Dios" aunque cumpla el primer aspecto de este mandamiento.

[18] Por cuanto que la diferencia es de calidad y no de cantidad, es imposible asimilar a Dios a cualquier cosa que conozcamos. Ni siquiera en forma parcial. Es por eso que afirmar que se puede comparar algunos aspectos de cualquier existencia seria contradecir este punto. Por esta misma causa, al afirmar que el alma es parte de Dios, se debe tener extremo cuidado, y no imaginar que se trata de que el alma es una parte de Dios, aunque sea una parte minúscula, sino debe ser entendido como que el alma "proviene" de Dios, es decir que Él la formó.

Concluyendo pretender imaginar o comparar a Dios con cualquier cosa es sencillamente una pérdida de tiempo, para no decir una gran equivocación. Esto es lo que Maimónides expresa en la Guia

una especie compuesta por varias unidades[19], ni tampoco una unidad física, de manera que pueda ser divisible o limitada, sino que es una unidad que no existe otra similar a ella en el universo[20].

Si hubieran varios dioses, forzosamente deberían ser corpóreos o con forma, porque los entes se diferencian unos de otros por los accidentes que le ocurren a los cuerpos o las formas[21]. Y si el Creador tuviera cuerpo o forma, tendría que tener límite y fin, ya que

---

de los Perplejos: "-Percibirte es percatarse de la incapacidad de contemplarte plenamente. Para ti el silencio es alabanza. mas en cuanto a vuestros labios vigilad lo que pronuncian. Porque Dios esta en los cielos elevado por sobre todo, y tú, ser mortal, eres de la tierra, por lo tanto, sean pocas tus palabras.

[19] No es un todo formado por varias compuestos, como por ejemplo un cardúmen que está compuesto por varios peces, o el ser humano que esta formado por varios órganos

[20] Pues toda materia es divisible. Al principio se creía que el átomo era la unidad básica. Luego el núcleo del átomo. Hoy en día la idea es que toda materia puede ser divisible.

[21] Dos entes Exactamente iguales solo se diferencian por ocupar un espacio distinto o el mismo en distinto tiempo (y tiempo espacio son coordenadas de lo físico), si no fuera así estaríamos hablando del mismo ente.

es imposible suponer algo físico ilimitado. Así mismo, todo lo que tiene límite y fin[22], la fuerza que de él emana, también tendrá límite y fin. Pero con respecto a nuestro Dios (Bendito Su Nombre), por ser que Su poder es ininterrumpido e ilimitado, ya que el universo esta en constante movimiento, concluimos que Su poder no es una fuerza corporal[23]. Por ser que es incorpóreo, no se le puede aplicar parámetros físicos[24] para disociarlo o diferenciarlo de otro, por lo tanto es imposible concebir que sea sino uno. Saber esto es un precepto, como versa: *"El Señor es nuestro Dios, el Señor es Uno"*[25] (Deuteronomio 6:4)

---

[22] Límite en lo físico y fin en el tiempo.

[23] Pues toda fuerza que proviene de un cuerpo, al ser el cuerpo limitado, la fuerza que de él emana también lo es.

[24] Como ser espacio (arriba abajo, dentro fuera, dónde, etc.) ni tiempo (antes, después, ahora, etc.)

[25] En resumen, cuando hablamos de la unicidad de Dios, nos referimos a: 1)Uno, (no como un lápiz pero que puede haber otros lápices), 2)Único (es decir no existe otro) 3)Indivisible, (no tiene partes) 4) Incomparable (es decir que no podemos compararlo con otros seres), 5) Inimaginable (no podemos ni siquiera imaginarlo, pues la imaginación funciona utilizando cosas que ya conocemos).

8.- En efecto, consta expresamente en la Torá y los profetas, que el Santo Bendito Él es incorpóreo y no tiene forma, pues esta escrito: *"Porque el Señor es Dios en los cielos arriba y en la tierra abajo"* (Deuteronomio 4:39), y como es lógico, algo físico no puede estar en dos lugares simultáneamente. Así también, fue dicho *"Pues no habéis visto ninguna imagen"*(Deuteronomio 4:15) y esta escrito: *"¿A quién me asemejaran para que se me parezca?"* (Isaías. 40:25) y si fuera corpóreo se asimilaría en algún aspecto a los demás cuerpos[26].

Es importante destacar que el primer precepto que esta encomendado el judío (al cumplir los 13 años) es recitar el "Shemá Israel" es decir, concientizarse de estos dos conceptos; que son los dos conceptos a los que nos referimos hasta ahora: Que Dios existe y que es Uno.

[26] de aquí concluimos que es imposible aun imaginarse de alguna manera a Dios, ya que la imaginación funciona asociando o uniendo imágenes o partes de cuerpos que conocemos, pero la capacidad imaginativa no puede proyectar algo que jamás percibió en forma parcial, total o asimilativa; tal como a un ciego de nacimiento jamás se le podrá describir para que se imagine el color rojo, ya que los parámetros que utilizaríamos para describirlo le son completamente desconocidos al ciego (color fuerte, brillante, similar al color de la sangre, etc.)

9.- Por lo tanto, ¿Qué pueden significar expresiones escritas en la Torá como: *"Debajo de Sus pies"* (Éxodo 24:10), o: *"Escrito con el dedo de Dios"* (Éxodo. 31:18), o cuando dice: *"Mano de Dios"* (Éxodo. 9:3) o aquel otro: *"Ojos de Dios"* (Génesis 38:7) u *"Oídos de Dios"* (Números. 11:1) o versículos similares a estos?[27]. Todas estas descripciones se adecuan al conocimiento de los seres humanos[28], ya que nos resulta difícil concebir una dimensión no-física, es por eso que la Torá emplea un lenguaje humano, y todas [estas expresiones y otras por el estilo] son apelativos, tal como dice: *"Haré que mi espada se harte de carne"*(Deuteronomio 32:42) ¿Acaso Dios tiene espada? ¿Dios precisa de espada para matar?. Esto no es sino una metáfora y [todo esta planteado] alegóricamente[29]. La prueba de esto es que

---

[27] Es decir versículos donde se le atribuyen a Dios aspectos físicos.

[28] Es decir, utilizando conceptos antropomórficos.

[29] En el lenguaje humano solemos utilizar expresiones cuyo sentido no es el literal, por ejemplo: "…se arrojó sobre su amigo como un león…"en donde no se refiere a que lo ataco la manera de los leones, sino que esta haciendo alusión a la fiereza del ataque. O cuando se dice: "lo acosó con el filo de su lengua", que se refiere a que lo interpeló con palabras duras y agresivas.

un profeta afirma haber divisado [en visión profética] al Santo Bendito Él, "anciano de días revestido de blanco" (Daniel. 7:9), y otro profeta lo describe como poderoso y vestido de rojo (Isaías 63:1), y el mismo Moshe, nuestro maestro, lo define sobre el Mar Rojo como un campeador en la guerra, y en el monte Sinaí lo describe como un oficiante envuelto en su túnica. Todo esto te demuestra que no tiene forma ni figura y que todo lo descripto sucede en profecía o visiones[30], y

---

[30] Esto no quiere decir que los profetas mientes o que se están contradiciendo entre ellos, pues cada uno ve y se expresa acorde a su percepción. Por ejemplo, varios observan una silla en el jardín, uno la describe de color rojo (pues él posee anteojos rojos), otro la describe de color azul (pues él posee anteojos azul) y otro la describe de color verde (pues él posee anteojos verdes). En realidad, ninguno esta mintiendo, los tres están expresando lo que cada uno captó acorde a sus distintos niveles de profecía, pero a pesar de las diferencias, todos percibieron la silla en el jardín.
Otra alegoría, que puede ayudar a comprender mejor a que se refiere el autor, es aquel famoso relato del elefante, en el que cada individuo palpa otra parte del animal, entonces, uno lo describe como blando, pues toco el estómago del elefante, otro dirá que es duro, pues palpó el marfil de los colmillos, otro gelatinoso, pues toco los ojos, etc. En realidad cada uno se esta refiriendo al aspecto que él captó.

la verdadera esencia de este tema es que la mente humana no tiene la capacidad ni esta facultada para captar y percibir a Dios[31], a esto es lo que se refiere el versículo: "*¿Puedes tu descubrir las recónditas cosas de Dios o conocer los propósitos del Todopoderoso?*" (Job. 11:7).

10.- ¿Qué es lo que Moshe pretendía captar cuando dijo: "*Permíteme ver Tu gloria*" (Éxodo. 33:18)? Lo que pretendía concebir era la verdadera esencia de Dios, hasta conocerlo plenamente en su mente, tal como el conocimiento de algún individuo que vio. Pretendiendo percibirlo en forma tan clara como [por ejemplo] cuando divisamos el rostro de una persona cuya imagen queda claramente grabada en nuestra mente, hasta el punto tal, de poder diferenciar a dicha persona de todas las demás. De igual manera, ansiaba Moshe, que la noción de Dios fuera tan clara que quedase diferenciada de toda otra existencia; hasta poder concebir la verdadera esencia de Dios tal cual Es. Y Dios

---

[31] Pues, tal como dijimos, Dios es incomparable e inimaginable y la profundidad de esta tema lo explicará en el próximo párrafo.

le respondió que el ser humano, compuesto por cuerpo y espíritu, no esta capacitado para captar la verdadera naturaleza de este tema en forma clara. Y le hizo saber Dios [a Moshe], lo que ningún otro hombre supo antes que él ni después de él, hasta el punto tal que captó algo de la verdadera esencia, de modo que con este nuevo conocimiento, pudo diferenciar al Santo Bendito Él, de las demás existencias. Tal como cuando divisamos a una persona de espaldas con todas sus vestimentas, y con este conocimiento queda diferenciada de todas las demás personas[32], esto es lo que insinuó la escritura al decir: "*Verás Mis espaldas*[33]*, mas Mi rostro no verás*" (Éxodo. 33:23).

11.- Acorde a lo explicado acerca de la incorporeidad y carencia de imagen, se impone pensar que a Él no le acontece ningún

---

[32] Cuando divisamos a alguien de espaldas, si bien no podemos reconocerlo a simple vista, podemos diferenciarlo de los demás, por ejemplo: no es tal sujetos porque el que yo vi era mas bajo, ni es aquel otro porque el que yo vi tenia pelo largo, etc.

[33] Es decir todo lo que Dios no es, esto incluye toda la creación. Por eso cuando dice: "Haré pasar todo Mi bien ante Ti" se refiere a toda la creación, como dice luego de cada día de la creación: ""Y vio Dios que era bueno"

accidente físico[34], ni unión ni separación, tampoco lugar[35] ni medidas, no ascenso ni descenso, no derecha ni izquierda, no delante ni detrás, como así no sentarse ni pararse, ni mucho menos se le aplica el tiempo[36], de manera que tenga antes y después o cómputo de años; asimismo se descartan en Él los

---

[34] En el inciso anterior se refería a la materia, ahora se refiere las características que afectan a la materia. Por lo tanto, así como Dios no es material, ninguna característica que influya sobre la materia se le puede aplicar a Dios. A continuación va a mencionar accidentes de la materia que están mencionados en varios versículos, como ser: arriba, abajo, derecha, izquierda, etc.

[35] De aquí se aprende que Dios no tiene un lugar. El lugar no se aplica a Dios. Dios no está en determinado lugar. Tampoco es correcto decir que Dios está en todos lados, pues si bien está queriendo decir que no hay ningún lugar ajeno a Dios, está hablando de Dios en coordinadas de espacio. Sobre este tema los sabios dijeron: "El universo no es Su lugar... (para profundizar en este tema ver notas aclaratorias que hemos escrito en el comentario de la introducción del Perek Jelek)

[36] Por cuanto que el tiempo es una característica del movimiento de la materia y Dios no tiene materia, por consiguiente no se le puede aplicar el tiempo. Este tema ya fue abordado por Einstein en la relatividad del tiempo, pues este depende de la movilidad de la

cambios, ya que no hay factor que le pueda ocasionar un cambio[37]. No hay en Él muerte ni tampoco vida como la vida humana, no ignorancia ni sabiduría como la sabiduría humana; no duerme ni se despierta, asimismo no se da en Él la cólera ni la sonrisa, no la alegría ni la tristeza, no el silencio ni el habla como el habla humana; así dijeron los sabios: *"No hay en las alturas reposo o incorporarse, ni unión o separación"*.

12.- Por lo tanto este tipo de alusión o similares que figuran en la Torá y textos proféticos son alegorías o metáforas, como ser: *"El que habita en los cielos se ríe"* (Salmos. 2:4) o: *"Me irritaron con sus tonterías"* (Salmos. 28:63) y semejantes. Sobre este tipo de

---

materia, a mayor velocidad, el tiempo transcurre más lentamente. (para profundizar en este tema ver notas aclaratorias que hemos escrito en el comentario de la introducción del Perek Jelek)

[37] Todo lo que es perfecto no puede tener cambio, porque el cambio se produce por un agente externo que es el que influye para producir un cambio; y Dios no tiene nada que lo pueda influenciar. Por lo tanto cabe descartar de Él todo tipo de sentimientos, tristeza, alegría, etc. (para profundizar en este tema ver notas aclaratorias que hemos escrito en el comentario de la introducción del Perek Jelek)

expresiones dijeron los sabios: *"La Torá se Expreso en lenguaje humano"*, y así dice: *"A Mí me pretenden enojar"* (Jeremías. 7:19), he aquí que esta escrito: *"Porque Yo, el Eterno, no cambio"* (Malaquías. 3:6), y si admitiésemos que a veces se enoja y otras está contento, esto significaría un cambio [en Él]. Todos estos apelativos [que mencionamos] no se aplican sino a lo corporal, hosco y vulgar[38], *"Que habitan en moradas de barro, cuya base es el polvo"* (Job 4:19), pero Él, Bendito es, se eleva y enaltece por sobre todo ello.

---

[38] con respecto a Dios toda comparación con lo terrenal es una degradación, por la limitación misma de la materia

Capitulo 2

1.- Es nuestra deber amar y temer a ese Dios elevado y grandioso, pues está escrito: *"Y amarás al Eterno tu Dios*[39]*"* (Deuteronomio. 6:5) y está escrito: *"Al Eterno tu Dios temerás"* (Deuteronomio 6:13).

2.- ¿Cuál es el modo de amarlo y temerle?, Cuando el hombre contempla Sus obras y creaciones grandiosas[40] y maravillosas[41], vislumbrando por medio de ellas Su sabiduría inconmensurable e infinita, de inmediato[42] Lo

---

[39] El versículo comienza con la preposición *Y amarás* y no directamente en imperativo: *Amarás* pues tal como dirá en el próximo inciso, el amor a Dios es producto de conocerlo. Esto soluciona la famosa pregunta" ¿Cómo es factible que la Torá ordenare sentir un determinado un sentimiento?

[40] El cosmos.

[41] El micro-cosmos.

[42] Maimónides sostiene que aquel que observa la creación con la sabiduría que acarrea, inexorablemente llegará a amar a Dios. Aquellas personas que a pesar que conoce mucho de ciencia y a pesar de ello no llega a amar a Dios, es porque en realidad no está observando bien o solo ve el árbol y no el bosque.

ama, Lo alaba y Lo glorifica, y es presa de un intenso anhelo por conocer ese gran Dios[43], como lo dijo David: "*Mi alma está sedienta del Dios viviente*" (Salmos 42:3). Y cuando reflexiona sobre la esencia de esos mismos asuntos, de inmediato se siente impulsado a retroceder, teme[44] y comprende que él mismo es una pequeña y humilde criatura, como dijo David: "*Cuando veo Tus cielos, obra de Tus manos... ¿Qué es el hombre para que Tú lo recuerdes?*[45]" (Salmos 8:4 y 5). Acorde a esto, explicaré principios básicos de las obras del Señor del Universo como introducción,

---

A través de qué ve el quien, por ejemplo, cuando un hombre regresa a su casa y su esposa lo espera con una rica comida, estará aquel que se deleita con la comida y su aroma, color, delicado gusto etc. Y estará aquel que por medio de la comida reconocerá el amor y dedicación que le pregona su esposa. Esta idea fue citada con anterioridad en el Zoar.

[43] Cuando más lo conoce, más lo ama y cuando más lo ama, más lo quiere conocer. Esta es la fórmula para un amor inagotable.

[44] Se refiere a un temor reverencial, respeto, distancia.

[45] Es decir, si bien cuando más Lo conoce, más Lo ama, el temor o distancia, surge al comparar su pequeñez con la perfección e infinitud de Dios.

para el ya entendido, en el amor a Dios[46]. Con respecto a este tema los sabios expresaron: *"De esta manera, conocerás a Quien con Su palabra creó el universo"*.

3.- Todo lo que creó el Santo Bendito Él en Su mundo, se divide en tres grupos: el primero esta compuesto por creaciones de materia y esencia[47], que surgen y luego perecen, como los cuerpos del hombre, los animales, los vegetales y los minerales. El segundo grupo, también esta conformado por creaciones de materia y esencia, como el anterior, pero la diferencia es que su estado [de la materia] no cambia de un cuerpo a otro o de una esencia a otra, sino que su forma es fija y estable y su materia invariable, a este grupo pertenecen las esferas celestes y sus estrellas de manera que su materia no es como los demás materias, ni

---

[46] El autor, citará ejemplos de lo conocido hasta aquella época, hoy en día con los actuales conocimientos y descubrimientos, se podría enriquecer aun más toda esta introducción que hará Maimónides.

[47] Cuando decimos "ente" nos referimos a lo que en idioma filosófico se denomina "forma" es decir la esencia de ese cuerpo, lo que lo hace distinto de las demás cosas, por ejemplo en el hombre la "forma" es su capacidad intelectual.

su esencia es como las demás. El tercer grupo esta compuesto por creaciones sin materia, solo la esencia, a este grupo pertenecen los ángeles, que no tienen cuerpo ni figura, sino que son entidades separadas unas de otras.

4.- Entonces ¿Qué significan las expresiones de los profetas que afirman haber visto ángeles de fuego y ángeles con alas? Todo esto ocurre en visiones proféticas y están expresadas en forma figurativa, queriendo decir que [los ángeles] no son corpóreos y que no tienen masa como los cuerpos[48], tal como dice: *"Porque el Eterno tu Dios es fuego que consume"* (Deuteronomio. 4;24), no [se refiere a que Dios] es fuego, mas bien, es una metáfora, tal como: *"Haces de los vientos Tus mensajeros, del fuego flagrante Tus emisarios"* (Salmos. 104:4).

5.- Siendo así, ¿en que se diferencia, una esencia[49] de la otras, siendo que son

---

[48] Es por eso que los asemeja al fuego ya que no tiene peso ni cuerpo, esto es para quitar de nuestra mente conceptos erróneos, como ser que los ángeles puedan tener cuerpo o atributos corporales.

[49] Se refiere a los ángeles.

incorpóreas? [Se distinguen unas de otras] en que no son similares en su existencia, sino que cada una de ellas está en un nivel inferior al de su semejante, y la existencia [de cada una de ellas] es a causa de la influencia de la [esencia] que esta por sobre ella[50]. Esto es lo que, con su sabiduría, insinuó el Rey Salomón al decir: *"Porque sobre el alto, otro mas alto vigila y sobre ellos el Altísimo"* (Eclesiastés. 5:7).

6.- Al afirmar: *Está en un nivel inferior al de su semejante*, no se refiere a un nivel físico, como [por ejemplo el caso de] un hombre que está situado más alto que su compañero; sino, como suele decirse entre dos sabios, que uno es más grande que el otro en sabiduría, es decir que está en un grado superior que el otro, como cuando afirmamos: La causa está por sobre la consecuencia.

---

[50] Es decir, que la entidad superior es básica y motiva la existencia de la entidad inmediata inferior, por ejemplo: para que exista la matemática, debe existir la lógica.

7.- Los diferentes nombres de los ángeles corresponden al nivel de cada uno de ellos. Se los denomina : *Jaiot Hakodesh,* son los que están en el nivel superior, *Ofanim*[51], *Arhelim, Jashmalim, Serafim, Malhajim, Elohim, Bene Elohim, Kerubim* e *Ishim*, Cada uno de estos nombres con que son denominados los ángeles, corresponden a los 10 niveles [distintos]. El nivel supremo, que solo es superado por el nivel de Dios, es el nivel de la esencia llamado *Jaiot*[52], es por ello que en visión profética fue dicho que están debajo del Trono Celestial. El décimo nivel, es el grado de la esencia denominado *Ishim,* y a este grupo pertenecen los ángeles que se comunican con los profetas, o que se les aparecen en visiones proféticas; por ello fueron llamados *Ishim*[53], porque el nivel de ellos es cercano al grado de percepción del hombre.

---

[51] Los nombres figuran en hebreo y en plural, por ejemplo *Ofanim*-plural, *Ofan* -singular

[52] *Jaiot* viene de la palabra Jai = vida, pues este nivel , es el nivel superior de vida.

[53] En hebreo el sustantivo *Ish* significa hombre (como antes dijimos, los nombres de los ángeles están en plural, el singular de *Ishim* es: *Ish*)

8.- Las esencias mencionadas, son seres vivos y perciben al Creador con un grado de conocimiento muy profundo, cada esencia de acuerdo al nivel en que se encuentra, no de acuerdo a Su grandeza[54], aun el grado superior, no puede captar la verdadera esencia de Dios tal cual Es, ya que, su saber es limitado para captar y percibir [a Él], no obstante capta y percibe más de lo que el nivel inferior a ella capta y percibe, así sucede con cada nivel, hasta llegar a la décima jerarquía, la cual capta al Creador con una percepción que el rango humano, constituido por forma y materia, no puede captar ni percibir en esa misma dimensión[55], [cabe aclarar que] ningún nivel puede conocer al Creador tal como Él se conoce a Sí mismo.

9.- Todo lo existente a excepción del Creador, desde la esencia superior, hasta el diminuto insecto que mora en la tierra, solo

---

[54] Cada nivel percibe de Dios, no lo que Él es en sí, sino lo que ellas pueden captar de Él de acuerdo al grado en que se encuentran.
[55] Debido a las múltiples barreras que lo físico le impone. (Ver la introducción al Pirké Avot –Shemoná Perekim- capítulo 7)

existen merced a Su verdad[56]. Por cuanto que Él se conoce a Sí mismo y es consciente de Su grandeza, Su plenitud y Su verdad, Él sabe todo[57], y no hay cosa que escape a Su conocimiento.

10.- El Santo Bendito Él, conoce Su verdad y capta la esencia de ella, mas no es un saber externo a Él[58], [este tipo de ciencia] no es como nuestro saber, ya que nuestro saber no es parte de nuestra esencia[59], empero el Creador, exaltado sea, Él, Su saber y Su vida, son una [total, absoluta y categórica] unidad desde cualquier ángulo y desde todo punto de

---

[56] Es decir merced a la verdad de Dios.

[57] Al ser que todo depende de Él, y Él se conoce a Si mismo, se deduce que, Él conoce, a priori, todo lo que esta subordinado a Él, de esta manera conoce cada cosa.

[58] Admitir que le pueda avenir un nuevo conocimiento a Dios, implicaría renunciar a Su unicidad tal como lo Explicara en las próximas líneas) como así también atribuirle cambios a Dios, elevado por sobre toda imperfección, (ya que antes era conocedor en potencia, y ahora es conocedor en acto).

[59] Si no más bien el saber es algo agregado a nosotros, al aprender algo nuevo es un añadido a nosotros (ver More Nebujim Parte I cap. 68 y parte III cap. 20)

vista. Ya que si viviera una vida[60] o supiera con un saber externo a Él, [forzosamente] habrían varios dioses [a saber]: Él, Su vida y Su ciencia[61], y no es así, sino que es una [total, absoluta y categórica] unidad desde cualquier ángulo y desde todo punto de vista. Estamos afirmando, entonces, que Él es el que sabe, Él es lo sabido, y Él es la sabiduría en sí; [todo es] una unidad absoluta. Es esta una noción que el habla no puede expresar, el oído no tolera oír y la capacidad humana no logra concebir. Es por eso que dice: "*Por la vida del faraón*" (Gen. 42:15), "*Por tu vida*" (Samuel I 25:26) pero no se expresa con respecto a Dios: *Por la vida de Dios*[62] sino: "*Vive Dios*" (Samuel I 25:26), porque el Creador y Su vida no son dos [cosas separadas], tal como la vida de los seres vivos o como la vida de los ángeles. Por lo tanto, Dios no percibe las criaturas[63] ni

---

[60] Es decir una vida como la nuestra, en la que nosotros y nuestra vida somos dos cosas distintas

[61] cuestión en que reina absoluta unanimidad, es que a Dios no puede avenirle un conocimiento nuevo que anteriormente no tuviera, sino que Su conocimiento es Su esencia.

[62] Es decir, no dice "vida de" como si fuera algo externo a él, la vida de Él

[63] Al decir criaturas, nos referimos a todo lo creado,

las conoce como ellas conocen, tal como los humanos percibimos, sino que Él las conoce al percibirse a Sí mismo[64]. Es por eso que, al conocerse a Sí mismo, conoce todo ya que todo proviene de Él[65].

11.- Los temas que hemos elucidado a lo largo de estos dos capítulos, son como una gota en un océano, comparado con lo que queda aun por esclarecer. La profundización de los principios básicos tratados en estos dos capítulos, es lo que se denomina: *"Maase Mercaba"*, (*"Los arcanos de la Torá"*)[66].

---

tanto lo viviente (hombres, animales, etc.), como lo inerte (mesa, silla, etc.)

[64] Y todo depende de la existencia verdadera de Él

[65] El saber humano se desarrolla observando un acontecimiento ya existente y buscando los causales de tal evento, de esa manera aprendemos, es decir analizando los hechos ya ocurridos y buscando sus causas, en cambio Dios sabe las cosas desde sus bases, desde su esencia, al ser que dependen de Él. El hombre primero ve el aspecto externo y luego llega a conocer el aspecto interno, mientras que en Dios es a la inversa. No es un conocimiento que va desde afuera hacia adentro, sino que es un conocimiento que proviene de adentro.

[66] Metafísica.

12.- Exhortaron los antiguos sabios a no predicar sobre estos temas [en publico], sino en forma particular, una vez comprobada de antemano, la erudición y capacidad deductiva del [aprendiz][67]. Abordando el asunto en forma indirecta, transmitiéndole un extracto de estos temas [en forma alegórica, comprendiendo el estudiante con su propia

---

[67] Debido a que si el estudiante no está debidamente capacitado e instruido en las ciencias especulativas, lejos de beneficiarlo, lo estará confundiendo y perjudicando. Así relata el Talmud en el tratado Jaguigá, página 14, folio b, donde afirma:

"En cierta ocasión en que Rabí Iojanán ben Sacai se encontraba saliendo de Jerusalem montado sobre su mula, Rabí Eliezer ben Araj fue en pos de él para instruirse junto a aquel ilustre sabio y le dijo:

-Maestro, enséñame algo acerca de los misterios (arcanos) de la Torá (Amasé Mercabá).

Le respondió Rabí Iojanán ben Saca: -¿Acaso no te he enseñado que no se diserta acerca de los misterios (arcanos) de la Torá (Amasé Mercabá) sino a aquel a aquel que es sabio y comprende por sí mismo y aun así sólo se le enseña en forma indirecta insinuando el tema y el alumno debe comprender por sí mismo?

-Entonces, maestro, permíteme relatar ante ti ciertas conclusiones a las que he arribado acerca de los misterios (arcanos) de la Torá.

Entonces Rabí Yojanán, descendió de su mula, se envolvió en su manto y se sentó en una roca a la

capacidad, la integridad y profundidad de la materia. Estos temas son muy [complejos], difíciles y profundos, y no todos están capacitados para comprenderlos. En alusión a ellos dijo el Rey Salomón metafóricamente *"los corderos[68] son para tus vestidos"* (Proverbios 27:26), lo cual fue explicado por los sabios de la siguiente manera: *"Aquellas cosas ocultas del universo, sean para tu vestimenta"*, es decir, solo para ti, y no para disertar [sobre esos temas] en público. Sobre ellos dijo: *"Serán tuyos solamente, y no de los extraños juntamente contigo"* (Proverbios 5:17), y agregó: *"Leche y miel debajo de tu lengua"* (Cantar de los Cantares 4:11) que los sabios lo explicaron de la siguiente manera:

---

sombra de un olivo y le dijo:

-Habla...

Dijo Rabí Eliézer: -Maestro, ¿Por qué has descendido de la mula?

Le dijo: -¿Es factible que tú hablarás acerca de los misterios (arcanos) de la Torá y la presencia Divina se encuentre con nosotros y los ángeles celestiales nos acompañan y yo estaré montado sobre mi mula?

[68] La traducción al hebreo de cordero es *quebasim* y *quebushim* en hebreo quiere decir: escondido

Aquellas cosas que son como la miel y la leche, que estén debajo de tu lengua [69].

---

[69] Los temas que pertenecen a esta materia, no lo reveles a todos, sino que estén escondidos en tus palabras, es decir, solo con insinuaciones y paulatinamente. Lo comparó con la leche y la miel, pues es lo más nutritivo y delicioso, y así estos temas son la esencia y objetivo de todo estudio y existencia.

Capitulo 4[70]

8.- La esencia de todo ser vivo es el *nefesh*[71] que le otorgó Dios. Los conocimientos adquiridos por el *nefesh* del hombre, son la esencia del hombre que llegó a un grado superior de sabiduría[72]. Sobre esta esencia dijo la Torá: *"Hagamos un hombre a*

---

[70] Hemos omitido el capítulo 3° y parte del 4° ya que en ellos el autor hace un detalle de las leyes naturales del mundo y del universo acorde a los conocimientos científicos de aquella época. La razón de esa exclusión se debe a que hoy en día esas teorías han sido abandonadas o descartadas y la ciencia se encamina tras otras hipótesis, por lo tanto, acorde a los conocimientos actuales, no le será de utilidad al lector lo mencionado en esos capítulos. Ésta omisión no afecta en absoluto la integridad de este coloquio ya que la intención del autor al describir la naturaleza, es contemplar la perfección de la creación y de esa manera asombrarnos y amar a Dios, tal como lo dice arriba, capítulo 2:2

[71] Para entender más profundamente este concepto, ver la introducción al Pirké Avot –Shemoná Perakim- con la nota introductoria que allí escribimos.

[72] ver More Nebujim parte I capitulo 1 y el compendio que escribimos al final del tomo la introducción al Pirké Avot –Shemoná Perakim, que llamamos *Perush al Amasé Etz Hadaat*

nuestra imagen y semejanza" (Gen. 1:26), es decir: cuya esencia sea el conocimiento y percepción de las ideas [y verdades] abstractas, tales como los ángeles, que son esencias abstractas, hasta llegar [el hombre] a asemejarse a ellos[73]. No me refiero a la forma física que se percibe a simple vista, como ser la boca, la nariz, los pómulos y el resto de las impresiones corporales, ya que en realidad todas estas cosas son atributos [del ser, no su esencia]. Tampoco [me refiero] al *nefesh* que existe en todo ser vivo[74], mediante el cual se alimenta, bebe, se reproduce, siente y discierne, sino que [me refiero] a la captación [en sí][75], ella es la esencia del *nefesh*, y a esta esencia del *nefesh* se refirió al decir: "*A imagen y semejanza nuestra*"[76]. Encontrarás que en repetidas ocasiones se denomina a esta esencia: *nefesh* y *ruaj*. Por ello se debe prestar atención a esta denominación para no confundirse, ya que cada concepto[77] debe ser

---

[73] A los ángeles.

[74] Incluso animales y vegetales

[75] Es decir lo captado, percibido de las ideas y verdades abstractas.

[76] En la introducción al Pirké Avot –Shemoná Perakim el autor volverá a analizar este tema.

[77] Es decir la acepción de la palabra *Nefesh* o *Ruaj*.

interpretado en su contexto.

9.- Esta esencia del *nefesh* a la que nos referimos, no está compuesta por elementos materiales como para que se fraccione, tampoco depende del *espíritu vital*[78], hasta el punto de estar sujeto a él [para existir], tal como el *espíritu vital* está subordinado al cuerpo[79], sino que [esta esencia del *nefesh*[80]] proviene de Dios, es de origen celestial. Por lo tanto, al desintegrarse el cuerpo, que está compuesto por materia, y perderse el *espíritu vital*, por ser que existe en función del cuerpo y está sujeto a él, no se perderá dicha esencia ya que no depende del *espíritu vital*, sino que sabe y capta por sí misma las verdades abstractas y conoce al Creador . [Esta esencia] perdura

---

[78] Que es el que mantiene vivo al ser humano, tiene cinco funciones, 1° la función Vegetativa (que es la que se realiza automáticamente para que el cuerpo viva, como por ejemplo: la respiración, el latido del corazón, etc.), 2° la Percepción por medio de los sentidos (vista olfato, etc.) 3° la Volutiva (el querer o rechazar tal cosa), 4° la función Imaginativa y por ultimo la 5° que es la función Racional. Para profundizar sobre el tema ver la introducción al Pirké Avot –Shemoná Perakim

[79] Que existe en función del cuerpo.

[80] Es decir las verdades abstractas captadas.

para toda la eternidad. Es lo que el sabio Rey Salomón dijo: *"El polvo torna a la tierra de donde era, y el espíritu vuelve a Dios que lo dio"* (Eclesiastés. 12:7).

10.- Todo lo que dijimos sobre estos temas, es como una gota en un barril[81], y aunque son temas arduo profundos, no lo son tanto como los temas desarrollados en los capítulos primero y segundo. Las cuestiones dilucidadas en el tercer y cuarto capítulo[82] se denominan: *"Maase Bereshit"* ("La creación")[83]. Exhortaron los antiguos sabios que no se predique sobre estos temas en público, sino a individuos en forma particular, a quienes se le enseña estos temas y se los explica.

---

[81] Cuando analizó los temas de Maasé Mercaba, dijo que es como una gota en un océano (ver al final del capítulo 2) y aquí dice que es como una gota de un barril. La diferencia es que en temas de Maasé Mercaba, no podremos captar todo, pues se trata de Dios que es infinito e incaptable, pero en estos temas, que tratan de la creación, si bien es muy grande, no es imposible.

[82] En donde el autor explica acorde a los conocimientos de la física de su época.

[83] Así como Maase Mercaba se refiere a la Metafísica, el Maase Bereshit se refiere a la Física.

11.- ¿Cuál es la diferencia[84] entre *Maase Mercaba*[85] y el *Maase Bereshit*? [La diferencia es] que con respecto a *Maase Mercaba*, aun en forma particular no se le transmite sino al que es versado en el tema, que comprende por sí mismo, revelándole solo un extracto de estos temas [y en forma alegórica], en cambio, al tratarse el *Maase Bereshit*, se enseña en forma particular aunque el educando no tenga la capacidad de entenderlo por sus propios medios, transmitiéndole todo lo que le es posible comprender al respecto. ¿Cuál es la causa que no se predica [acerca de este tema[86]] en público? Por ser que no todos poseen los conocimientos [necesarios] para entender y elucidar el tema en forma clara[87].

---

[84] Cuál es la diferencia entre estos dos temas a la hora de enseñarlos.

[85] Ver capitulo 2 inciso 11.

[86] El Maase Bereshit.

[87] Pues puede ser que uno de los alumnos entienda que todo es producto de leyes físicas y mera naturaleza, sin ver al Creador detrás de todo eso y el maestro no se percate del error de ese alumno y no lo corrija o le explique mejor. Esto no ocurre cuando enseña en forma particular, pues allí el maestro puede darse cuanta si el alumno entendió el tema o no.

12.- Cuando el ser humano reflexiona sobre estos temas, hasta comprender [profundamente] toda la creación, los ángeles, el universo, el hombre y demás, vislumbrando la sabiduría del Santo Bendito Él en todas Sus obras y creaciones, [entonces] aumentará su amor a Dios, sedienta estará su alma y todo su cuerpo anhelando a Dios, Bendito Él; asimismo experimentará temor y pavor ante su propia bajeza, indigencia e insignificancia; y cuando se compare a sí mismo con la [maravilla] de los astros o aun más, [al equipararse] con alguna de las esencias puras[88], separadas de la materia[89] y completamente incorpóreas, se verá a sí mismo como un sujeto reducido y ruborizado, limitado y vacuo.

13.- Los temas de estos cuatro capítulos con los cinco preceptos[90] [en ellos analizados], es lo que los antiguos sabios denominaron

---

[88] Los ángeles

[89] Y las consecuentes restricciones que la materia le impone.

[90] 1° Conocer a Dios (Cap. 1:6), 2° Que no existe otro Dios (Cap. 1:6), 3° que Dios es Único e Indivisible (Cap. 1:7), 4° Amar a Dios (Cap. 2:1) y 5° Temer a Dios (Cap. 2:1).

Pardés ("El Jardín Celestial"), tal como dijeron[91]: "*Cuatro ingresaron al Pardés*" y a pesar que pertenecían a los sabios más destacados del pueblo de Israel, no todos poseían la capacidad intelectual para conocer y percibir todas estos temas en forma clara. En mi opinión, no es apropiado que ingrese al *Pardés* sino aquel que se ha saciado de *pan y carne*. Al decir *pan y carne* me refiero a saber lo prohibido y permitido en cuanto a los preceptos, a pesar que estos temas fueron denominados por los sabios como "*Temas Minúsculos*", tal como dijeron: "*Los Temas Mayúsculos [son las relacionadas con] Maase Mercaba*[92] *y Temas Minúsculos: las controversias de Abaie y Rabba*[93]". Y a pesar de ser así[94] , empezar por ellos[95] es lo más apropiado, ya que éstos comienzan a proyectar el intelecto del hombre; más aun, [teniendo en cuenta] que ese es el mayor

---

[91] Talmud Babilonio, tratado Jaguigá. 14 fol. b.

[92] Ver Cap. 2:11

[93] Los recopiladores de las enseñanzas talmúdicas, donde se analizan los aspectos todos legales de los preceptos.

[94] Que el tema de Maase Mercaba es más trascendente que el aspecto legal de los preceptos.

[95] El aspecto legal de los preceptos.

bien que brindó el Santo Bendito Él, para el asentamiento de este mundo[96], en vistas a heredar el mundo por venir. Además, estos temas, son propicios para ser aprendidos por todos, grande y chicos, hombres y mujeres, inteligentes o no tan inteligentes.

---

[96] Es decir el establecimiento de una buena sociedad en la cual podrá vivir en paz para poder entonces dedicarse a los temas más profundos, como así también es indispensable el establecimiento de una buena sociedad para que transmita a los niños los conocimientos básicos y encaminarlos para que cuando crezcan puedan alcanzar los temas sublimes. es porque la Torá estableció dicho contacto con Dios.

Capitulo 5

1.- Todos los que pertenecen a la casa de Israel tienen como precepto santificar ese gran Nombre[97], pues está escrito: "*Y*

[97] Nótese que el precepto no es santificar a Dios, pues el hombre, con lo minúsculo que es, ni ningún ser posee la capacidad para santificar a Dios, pues como ya explicamos, Dios es perfecto, ya es santo de por sí (tal como lo Expresa en el cap. I inciso 12 y en el cap. II inciso 10). El precepto entonces será santificar el Nombre de Dios. El nombre de Dios, no es Dios mismo, Su esencia, sino que es lo que captamos de Él. Así tendremos varios Nombres que designan a Dios, cada uno de ellos se refiere a un aspecto de Dios. Entonces lo que el ser humano puede hacer, no es elevar –santificar- o denigrar –profanar- a Dios en sí, sino que lo que puede hacer es elevar o denigrar el concepto de Dios a los ojos de la gente. Si un individuo está dispuesto a entregar su vida por Dios, sin duda que este acto elevará el concepto de Dios a los ojos de las demás personas, en cambio por ejemplo aquel rabino que por dinero tergiversa o transgede un precepto de la Torá, está profanando – denigrando- el concepto elevado de Dios, pues con su acto errado está demostrando, equivocadamente, que hay otras cosas más elevadas –importantes- que Dios, en este caso el dinero, pues por causa de él deja de lado la voluntad de Dios. (para profundizar sobre el tema y los conceptos de los distintos nombres de

seré santificado entre los hijos de Israel"
(Levítico. 23:32), asimismo, tienen prohibido
profanarlo pues esta escrito: "*No profanareis
Mi Santo Nombre*"(Ídem). ¿Qué alcances
tiene esto? Si, por ejemplo, un no judío
amenaza de muerte a un judío para que
transgreda cualquier precepto mencionado
en la Torá, el judío ha de transgredirlo y no
dejarse matar, pues al respecto esta escrito:
"*Para que los cumpla el hombre, y por ellos
vivirá*" (Levítico 18:5), vivirá por ellos y no
que muera por ellos. El que se deja matar por
ellos, se considera culpable[98].

2.- Esto se aplica[99] a [1°] todos los preceptos,
excepto los referentes a la idolatría, la conducta
sexual ilícita[100] y el derramamiento de sangre.
Pero si al judío se le dice, aludiendo a alguna

Dios, ver More Nebujim parte I capitulo 61, 62 y 63)

[98] Es decir, que al dejarse matar por no transgredir
un precepto, se acarrea mas culpabilidad que
transgrediéndolo, ya que su decisión impulsiva y
negligente ocasionó un derramamiento de sangre
innecesario

[99] Que transgrede y no se deja matar.

[100] Se refiere a aquellas relaciones que la Torá prohibió
denominándolas *Arayot*.

de estas tres transgresiones: Transgrédela o serás muerto, debe dejarse matar y no transgredirla. [2°], esto se aplica a cuando el no judío lo obliga a transgredir para propio provecho[101], por ejemplo cuando decreta que se continúe la construcción de su casa aun en Shabbat, o que se le cocine su alimento [en Shabbat] o forzar a una mujer para cohabitar con ella[102], y casos similares. Pero si su intención es hacer que transgredan los preceptos gratuitamente[103], si [la extorsión] ocurre a solas, sin que haya allí diez judíos, debe transgredir y no dejarse matar; pero si la amenaza ocurrió delante de diez judíos, debe dejarse matar y no transgredir, aunque se trate de infringir cualquier precepto entre los preceptos.

---

[101] Del no judío.

[102] La prohibición de que un no-judío cohabite con una mujer judía no entra dentro de la categoría que la Torá llamó *Arayot* Parashat Ajaré Mot y Kedoshim. De aquí, una de las respuestas que los sabios dan al suceso de Esther que fue tomada por el Rey Ajashverosh

[103] Es decir no por un beneficio personal, sino para menospreciar los preceptos.

3.- Este procedimiento rige en tiempos en que no se vive una persecución religiosa[104], pero en época de hostigamiento, es decir cuando se alza un rey perverso, como Nabukodonosor y otros, que decretan un ultimátum a los judíos para que abandonen su fe, o algún precepto, [en estos casos] debe dejarse matar y no transgredir, aunque se trate de un precepto [simple] ya sea que suceda delante de diez[105] o que fuera forzado a solas.

4.- Quienquiera que esté en el caso de "transgredir y no ser muerto" pero se deja matar por no transgredir, es culpable[106]; quienquiera que esté en el caso de "dejarse matar y no transgredir" y se deja matar por no transgredir, he aquí que santificó el Nombre de Dios. Si su martirio fue en presencia de diez judíos, se dice que santifico el Nombre de Dios públicamente, como Daniel, Janania, Mishael y Azaria, así como Rabí Akiva y sus compañeros. Estos son mártires de [las

---

[104] Como por ejemplo en época de la inquisición
[105] Es decir en público.
[106] Es decir, que al dejarse matar por no transgredir un precepto, se acarrea más culpabilidad que transgrediéndolo, ya que su decisión impulsiva y negligente ocasionó un derramamiento de sangre innecesario

caprichosas imposiciones de los distintos] imperios, cuyo rango es insuperable[107], sobre ellos fue dicho: "por Tu causa somos muertos cada día, somos reunidos como ovejas para el matadero" (Salmos. 44:23). Quienquiera que este en la situación de dejarse matar y no transgredir, y transgrede sin dejarse matar, he aquí que esta profanando el Nombre de Dios[108] y deroga el precepto de santificar el Nombre de Dios, como así también, viola el precepto de no profanar el Nombre de Dios. Aun así, al ser que infringió por Extorsión, no es pasible de pena; demás esta decir que el tribunal no lo hace pasible de la pena capital, aun en el caso de que haya asesinado bajo amenaza, ya que solo es condenable quien actúa por propia voluntad, en presencia de testigos y con advertencia previa[109]. Como esta escrito con respecto al que sacrifica a sus hijos a Molej[110]: "Yo mismo pondré Mi rostro

---

[107] Se refiere a que este grado de grandeza espiritual es el mas elevado

[108] Ya que con su acto demuestra que hay cosas que están por sobre Dios, al no ofrendar su propia vida estaría pregonando que la voluntad del inquisidor de turno o el miedo a perder la vida (material) están por sobre la voluntad de Dios

[109] Del castigo al que se hace pasible.

[110] Un dios pagano.

contra aquel hombre" (Levítico. 20:5), cuya Explicación unánime [que nunca fue motivo de discusión], es que al decir "aquel hombre" no [se refiere a] aquel que fue Extorsionado, ni a aquel que lo hace sin saber, como tampoco al que lo hace por equivocación. Si en lo referente a la idolatría, que es la falta mas grave, al que transgrede bajo amenaza no se hace pasible de la pena máxima, ni siquiera el tribunal lo imputa, con mayor razón[111] el que transgrede un precepto cualquiera. Asimismo esta dicho con respecto a las depravaciones sexuales [en el caso de violación]: "mas a la joven no le harás nada, no hay en ella ninguna culpa digna de muerte, pues como cuando alguno se levanta contra su prójimo y le mata, así es este caso" (Deuteronomio. 22:26).

5.- Si no judíos, amenazaran a mujeres diciéndoles: "entréguennos una de ustedes para que la impurifiquemos[112], de lo contrario impurificaremos[113] a todas", deben dejarse impurificar[114] y no entregar una mujer judía

---

[111] Que no es pasible de la pena capital.
[112] Abusar de ella.
[113] Abusarán de todas.
[114] Si no pueden defenderse o recurrir a otra alternativa

en manos de ellos; asimismo, si no judíos los Exhortan diciendo: "entréguennos a uno de ustedes para que lo matemos, de lo contrario mataremos a todos", deben dejarse matar y no entregar a un judío en manos de ellos. Pero si les especificaron y dijeron: "entréguennos a fulano, de lo contrario mataremos a todos", si [ese individuo] era pasible de muerte como por ejemplo Sheva hijo de Bacri[115], [en ese caso] debe ser entregado; evitando enseñarles abiertamente que deben actuar así. Pero sino es digno de muerte[116], deben dejarse matar y no entregar a un judío en manos de ellos.

6.- Así como en los casos de Extorsión [diferenciamos entre las tres transgresiones[117]], de igual modo [se ha diferenciado] en las situaciones de enfermedad; por ejemplo: quien enfermase al Extremo de peligrar su vida, y los médicos prescriben un tratamiento que implica la violación de un precepto; en los casos en que el enfermo corre peligro de muerte, se debe infringir cualquier precepto de

---

para salvarse.

[115] Quien era digno de muerte por haberse revelado al rey David ver Samuel II capitulo 20.

[116] El individuo que ellos reclaman.

[117] Idolatría, incesto y asesinato, ver arriba cap. 5:2

la Torá para curarlo, a Excepción de cometer idolatría, incesto o asesinato, los cuales nos están vedados aun en circunstancias Extremas. Si transgredió[118] y se curó, el juzgado le aplica la pena correspondiente.

7.- ¿De dónde se deduce que aun a los enfermos graves les esta vedado infringir estas tres transgresiones? [Se desprende] de lo dicho: "Amaras al Eterno. tu Dios, con todo tu corazón, con todo tu ser y con todas tus fuerzas" (Deuteronomio. 6:5) [es decir] aun en el caso de tener que entregar su alma. [Con respecto a] quitar la vida de un judío para curar a otro, o para rescatar a alguien de manos del opresor, lo lógico es que no se debe privilegiar una vida por sobre la otra[119]. Asimismo el incesto fue igualado al asesinato[120] como esta escrito: "mas a la joven

---

[118] Uno de estos tres preceptos.
[119] En palabras del talmud: "Qué viste para pensar que tu sangre es más roja que la de tu compañero" (y tu vida mas importante que la de él.
[120] El objetivo de igualar las transgresiones Sexuales con el asesinato, es para aportar una base legal a la prohibición de utilizarlo para curarse, tal como con el asesinato utilizo el argumento lógico para ese mismo fin y con la idolatría el baso la inhibición en el versículo (Deuteronomio. 6:5)

no le harás nada, no hay en ella ninguna culpa digna de muerte, pues como cuando alguno se levanta contra su prójimo y le mata, así es este caso" (Deuteronomio. 22:26).

8.- ¿Cuándo se permite infringir el resto de los preceptos [a Excepción de los tres antes mencionados] para curarse ? Siempre y cuando transgreda de manera tal que no le produzca placer. Por ejemplo: se alimenta al enfermo [con todo tipo de alimentos vedados, si es necesario, como] reptiles, y moluscos prohibidos, así como, en la festividad de Pesaj, alimentos leudados, o alimentarlo en el día de Kipur, [todo esto] de forma tal que no tenga [el enfermo] goce en su ingestión, pero si no tiene satisfacción gustativa con su alimentación, por ejemplo vendajes con las substancias mencionadas, o ingerir lo prohibido junto a cosas amargas, de modo que no tenga deleite del alimento vedado, [de esta manera], aunque el enfermo no este en estado de Extrema gravedad, es licito alimentarlo de esta forma, a Excepción de substancias que contengan mezcla de carne con leche o de *kilaim*[121], ya que en estos casos esta prohibido

---

[121] Frutos que fueron sembrados violando las leyes de mezclas de granos.

consumirlos incluso sin tener satisfacción; por lo tanto, [en estos dos últimos casos[122]] no deben ser suministrados a pesar de no tener placer con su ingestión, a Excepción de casos en que peligra la vida.

9.- Quienquiera que haya puesto sus ojos en una mujer, [de modo tal] que enfermare de Extrema gravedad, y los médicos afirman que no tiene cura hasta que cohabite con ella, [aunque esto le ocasione] la muerte no se le autoriza cohabitar con ella, aunque se trate de una mujer soltera. [Es mas], ni siquiera se le permite entablar dialogo con ella aun con una cortina entre ellos, [aunque esto le ocasione] la muerte no se le concede hablar con ella; para que las hijas de Israel no vengan a ser cosa ligera [a ojos de ellos] y terminen haciendo promiscuidades.

10.- Quienquiera que transgreda voluntariamente cualquiera de los preceptos mencionados en la Torá, sin compulsión, sino por desdén o como desafío, profana el Nombre de Dios[123]. Es por eso que dice con respecto al

---

[122] Es decir alimentos que contengan mezclas de carne con leche o *Kilaim.*

[123] Ya que al actuar de esa manera, sin temor a

juramento en falso: "y profanaras el Nombre de tu Dios, Yo soy el Eterno" (Levítico. 19:12). Si la transgresión fue en presencia de diez judíos, se dice que profano el Nombre de Dios públicamente. Asimismo, quienquiera que se abstenga de realizar una transgresión o cumpla un precepto, sin mediar ningún interés mundano, no por temor o vanagloria, sino a causa del Creador, Bendito Él, como ser el caso de José el justo, al abstenerse de la mujer de su patrón, [o casos por el estilo], santifica el Nombre de Dios.

11.- Hay otras cosas que están comprendidas en el termino: profanación del Nombre de Dios, tal es el caso de cuando un gran erudito de la Torá, famoso por su espiritualidad, realiza actos que despiertan [sospechas y]

Dios, es decir, yendo en contra de la voluntad de Dios compulsivamente, desdeñando Sus preceptos, esta menospreciando, a los ojos de la gente que lo observa, el concepto de Dios, Amo del Universo.

comentarios negativos entre la gente, aunque [los actos realizados] no sean transgresiones, profana el Nombre de Dios. Por ejemplo, comprar algo sin abonarlo inmediatamente, siendo que posee el dinero y posterga el pago cada vez que le es requerido o que se extralimite en lujuria, o beber y comer con el vulgo, entremezclado con ellos, o que su dialogo con sus semejantes no es en forma agradable y su rostro hacia los demas no es amable sino enojoso y nervioso, o actitudes semejantes, todo acorde a la grandeza del sabio , es preciso que sea puntilloso sobre si mismo y que se comporte en forma mas extricta que lo normal.

Asimismo si el erudito ha sido escrupuloso en su conducta, amable en su conversación, sociable, agradable, absteniéndose de ofender a sus ofensores, honrando aun a quienes lo han tratado sin respeto y comerciando con fe, sin permanecer en demacia en compania del vulgo ni en sus asentamientos, viendolo siempre profundizando en la Torá, envuelto en su manto y coronado con sus filactelias, exigiendose a si mismo en todos sus actos una conducta mas estricta que lo normal, esto siempre y cuando no implique alejarse en demacia [de los demas] o vivir aislado, [en sintesis, obrar] de manera que gane la admiración de los demas, que todos lo quieran y anhelen sus actos[124], he aquí que santifica el Nombre de Dios; acerca de él fue dicho: "Él me dijo: Tú eres mi siervo, Israel, en quien me glorificaré" (Isaías. 59:3).

---

[124] Despertando el interés para que los demás quieran imitar su conducta.

Capítulo 6

1.- Todo aquel que borra uno de los Nombres elevados y sagrados con los que el Santo Bendito Él es llamado, es pasible de pena, pues esta escrito con respecto a la idolatría: "y borrarás sus nombres[125] de esos lugares, no haréis así al Eterno vuestro Dios" (Deuteronomio. 12:3-4).

2.- Siete son los Nombres [que no se deben borrar]: I) el Nombre que se escribe hvdy que es el Nombre inefable[126], II) A-donay, III) E-l, IV) E-loha o E-lohim, V) E-hye, VI) Sh-adday, VII)TZe-vaot. Quienquiera que borre, aunque sea una sola letra de estos siete Nombres, es pasible de la pena correspondiente.

---

[125] De los dioses paganos.

[126] Se lo denomina en hebreo: *Shem Hameforash* ("distintamente pronunciado", "netamente articulado"). Todos los Nombres de Dios (Exaltado sea) que se encuentran en la Escritura se derivan de acciones de Dios, a Excepción de éste, que nos habla más acerca de Su esencia (elevado por sobre toda imperfección). Para profundizar sobre este tema, ver More Nebujim parte I capítulos 61, 62 y 63.

3.- Toda letra agregada al principio [de los Nombres, a modo de articulo o preposición]¹²⁷, se pueden borrar, por ejemplo [a veces] la letra hebrea "l" (L) antecede [a modo de preposición] al nombre: *"LA-donay"* o la letra "b" (B) [que a veces] antecede [a modo de preposición] al nombre: *"BeE-lohim"* y otros por el estilo. Estas letras agregadas al principio no poseen la Sublimidad del Nombre de Dios. Por el contrario, las letras agregadas al final [de los Nombres, a modo de pronombres], por ejemplo la letra hebrea "!" (J) [agregada como pronombre¹²⁸] al final del Nombre: E-loheja, o las letras hebreas: "mk" (JEM) [agregadas como pronombre] al final del Nombre: E-lohejem, y otros por el estilo, no deben ser borrados, y se consideran como una de las letras del Nombre de Dios, debido a que la Sublimidad del Nombre de Dios [se Extiende hasta esas letras] y las consagra. A pesar de haber sido consagradas y recae

---

¹²⁷ En hebreo los artículos: el, la, los, las, etc. y ciertas preposiciones (a, con, de, desde, en, hacia, para, etc.) se pronuncian agregando una letra delante del sustantivo, por ejemplo: "h- m- l- b"

¹²⁸ En hebreo los pronombres: mío, tuyo, suyo, nuestro, etc. se pronuncian agregando una letra al final del sustantivo, por ejemplo: !- ,k

sobre ellas[129] la proscripción de borrarlas, el que [infringe y] borra una de estas letras añadidas, no recibe la pena estipulada por la Torá, no obstante, el juzgado está facultado para penarlo.

4.- Escribió las dos primeras letras del Nombre E-lohim o del Nombre inefable, ya recae sobre ellas la inhibición de borrarlas, ya que ellas [estas dos letras] conforman un Nombre por si mismo[130]. Pero si escribe [las dos primeras letras] del Nombre Sh-adday o del Nombre Tz-evaot, [éstas letras] pueden ser borradas[131].

5.- El resto de los apelativos[132] con los que se alaba al Santo Bendito Él, como ser: Misericordioso, Compasivo, Elevado, Poderoso, Grandioso, Confiable, Celoso, Fuerte y otros por el estilo, son considerados

---

[129] Estas letras agregadas al final del Nombre a modo de prenombre.

[130] Las dos primeras letras E-lohim, son E-l, que es un Nombre de Dios, similarmente ocurre con las dos primeras letras de el Nombre inefable.

[131] Ya que estas dos letras por si mismas no conforman ningún Nombre de Dios.

[132] Fuera de los siete Nombres que se mencionaran arriba Cap. 6:2

como el resto de las Escrituras [Bíblicas] y pueden ser borrados.

6.- Un objeto en el que esta escrito el Nombre de Dios[133], debe recortar el sitio en el cual se encuentra el Nombre de Dios y colocarlo en la *Gueniza*[134]. Si el Nombre estaba grabado en un objeto de metal o de vidrio y fundió ese utensilio, es del mismo modo inculpado[135], [en este caso] debe cortar el lugar donde esta el Nombre de Dios para colocarlo en la *Gueniza*. En el caso que el Nombre de Dios estuviere grabado en su piel, no debe lavarse ni untarse con cremas[136], asimismo no es adecuado que ingrese a lugares donde no es apropiado para permanecer en él con el Nombre de Dios[137]. En el caso que precise realizar una oblución

---

[133] El motivo por el cual debe recortar el sitio en el que esta escrito el Nombre de Dios, es porque seria una falta de consideración utilizar el Nombre de Dios para cuestiones profanas.

[134] Lugar donde se colocan los escritos y objetos sagrados que cayeron en desuso.

[135] De haber borrado el Nombre de Dios, ya que es imposible fundir un utensilio sin que se borre el Nombre que esta grabado en él.

[136] Debido a que el agua como las cremas, causarían que se borre el Nombre.

[137] Por ejemplo baños, etc.

ritual en agua[138], debe vendarse el lugar[139] con goma[140] y luego hará la inmersión. Si no tiene goma disponible, cubrirá el lugar con su ropa, sin presionar demasiado, para que no se considere interrupción[141], ya que todo el motivo de este vendaje es para no hallarse desnudo ante del Nombre de Dios.

7.- Quienquiera que retire una piedra del altar[142], del santuario en sí o del atrio, dañinamente[143], es pasible de sanción, ya que esta escrito con respecto a la idolatría: "destruiréis sus altares" (Deuteronomio. 12:3) y agrega: "No haréis así al Eterno vuestro Dios" (Deuteronomio 12:4), de igual manera, aquel que queme [cualquier] madera del santuario dañinamente, se hace pasible de sanción, ya que esta escrito: "quemareis sus arboles" (Deuteronomio 12:3) y agrega:

---

[138] Para purificarse.

[139] En donde tiene escrito el Nombre.

[140] Para que no permita el paso del agua y ocasione que se borre el Nombre.

[141] Ya que si el agua de la *Tevilá* (inmersión ritual) no entra en contacto con toda la superficie del cuerpo, no ejerce su función de purificarlo.

[142] Del Bet Hamikdash (Templo de Jerusalem)

[143] Es decir no para construir o arreglar el altar, el santuario o el atrio, según sea el caso.

"No haréis así al Eterno vuestro Dios" (Deuteronomio 12:4).

8.- Los textos Bíblicos, así como sus comentarios y Explicaciones, no deben ser quemados ni destruidos. Todo aquel que los destruye[144], recibe la pena estipulada por el juzgado. Esto se aplica a los textos Bíblicos que fueron escritos por un judío con la sublimidad requerida, Excluyendo el caso de un hereje judío que escribe un ejemplar de la Torá, en cuyo caso los textos Bíblicos por él escritos son quemados incluyendo todos los Nombres sagrados que en ellos figuran, debido a que [dicho hereje] no cree en la santidad del Nombre ni tampoco lo escribió por la causa de Dios, sino que él considera estos escritos como cualquier otro libro, al ser ésta la ideología [que el escriba tiene en mente], los Nombres de Dios allí escritos, no reciben la condición de sagrados; siendo un precepto quemarlos, para no permitir que el nombre de herejes y sus actos sean perpetuados. Un Nombre de Dios que fue escrito por un idolatra, es colocado en la

---

[144] En forma directa, no en forma indirecta por ejemplo aquel que lo dejo debajo de la lluvia y ésta los arruino.

Gueniza¹⁴⁵, como así también un ejemplar de la Torá que se avejento y callo en desuso o que fue escrito por idolatras, es colocado en la *Gueniza*.

9.- Todos los Nombres de Dios¹⁴⁶, que se menciona [en Génesis], en el Contexto de Abraham, son sagrados¹⁴⁷, aun aquel que dice: "A-donay, si he hallado gracia..." (Génesis 18:3) es sagrado. Asimismo todo Nombre ² que fue dicho a Lot, no es sagrado¹⁴⁸, a Excepción de aquel que dice: "Y dijo Lot a ellos: -Y ahora A-donay, halle tu siervo gracia... para salvar mi alma" (Génesis 19:18-19). Todos los Nombres utilizados en [el episodio de] la colina de Biniamim¹⁴⁹, son sagrados. Todo Nombre que figura en[el episodio] de Mijá¹⁵⁰ no es sagrado, Asimismo,

---

¹⁴⁵ Lugar donde se colocan los escritos y objetos sagrados que cayeron en desuso.
¹⁴⁶ Se refiere a los Nombres de Dios que figuran en Génesis.
¹⁴⁷ Ddebido a que los términos E-lohim y A-donay son polivalentes, toleran su utilización para otros fuera de Dios, en cuyo caso ese nombre no es sagrado por ejemplo Salmos 82:6
¹⁴⁸ Pues en esos casos no se esta refiriendo a Dios.
¹⁴⁹ Ver Jueces capitulo 20
¹⁵⁰ Ver Jueces

todo Nombre que figura [en el Contexto de] Navot, no es sagrado. Toda vez que aparece el nombre Shelomò (Salomón) en el Cantar de los Cantares, es sagrado[151] y son considerados como un apelativo, a Excepción de aquel que dice: "Los mil (ciclos) serán para ti Salomón" (Cantar de los Cantares. 8:12). Toda [vez que figura el termino] Rey en el libro de Daniel, no es sagrado, a Excepción del que dice: "Tu Rey de reyes..." (Daniel. 2:37) y es considerado como un apelativo[152].

---

[151] Pues se esta refiriendo a Dios (el nombre Shelomò, quiere decir: La paz de él, es decir, del Dueño de la paz).

[152] Con sus consecuentes derivaciones, ver arriba capitulo 6:5

Capitulo 7

1.- Una de las bases de nuestra religión, es saber que Dios hace que el hombre tenga profecía[153]. La profecía no recae sino sobre el hombre sabio[154], rico[155] y vigoroso en cualidades[156]; aquel que no es superado jamas por sus impulsos [o pasiones] de ningún tipo, sino que con su propia capacidad, domina constantemente sus impulsos [o pasiones]; además, es poseedor de un amplio, [agudo] y certero discernimiento, en Extremo. Aquel que esta senido de todas estas cualidades, con un cuerpo sano[157], habiendo penetrado

---

[153] Es decir derrama sobre el profeta el espíritu de la profecía.

[154] Esta opinión hecha por tierra la ingenua creencia de que Dios hace profeta a quien Le plazca, de la noche a la mañana, sin depender de que aquel hombre sea sabio o ignorante. Para profundizar sobre este tema, ver More Nebujim parte II capitulo 32.

[155] Tal como afirma en el "Pirké Avot", rico es aquel que esta contento con lo que tiene, es decir que no corre detrás de las posesiones.

[156] "Mas fuerte es el que domina sus pasiones que aquel que conquista una ciudad"

[157] "Mente sana en cuerpo sano"

en el *Pardes*[158], imbuido por la profundidad de esos temas, perfeccionando sus cualidades racionales para analizar y concebir, elevándose cada vez más, apartándose del camino del vulgo que transcurre en las tinieblas [de la ignorancia]; entrenando su espíritu hasta no encontrarse en él ningún pensamiento mundano[159] ni la insensatez de lo cotidiano[160], ni fantasías, sino que su mente esta orientada hacia las alturas[161], aferrada al Trono Celestial, para concebir aquellas entidades superiores, elevadas y sagradas, vislumbrando la sabiduría del Santo Bendito Él, desde el esencia superior[162], hasta el nivel terrenal, percibiendo la grandeza de ellos [alcanzado este grado de perfeccionamiento[163]], inmediatamente la inspiración Divina se posa sobre él. En el momento en que la inspiración

---

[158] Ver arriba, capitulo 4:13
[159] Como ser: placer, honor, dinero, etc.
[160] El correr detrás de vanas y perniciosas grandezas.
[161] Aspectos espirituales.
[162] *Jaiot Hakodesh* ver arriba capitulo 2:7
[163] En la ejercitación, perfeccionamiento, apartamiento intelectual de los placeres y pasiones corporales, apaciguamiento del deseo de vanas y perniciosas grandezas, ahí (y solo ahí) radica la posibilidad de la profecía. Ver More Nebujim II capitulo 32 y subsiguientes.

Divina recae sobre él, su alma se entremezcla con el nivel de los ángeles llamados *Ishim*[164], convirtiéndose en otra persona, y percibe por sí mismo que no es el mismo que era antes, sino que supero el nivel de los demás hombres sabios, tal como fue dicho con respecto a Saul: "de manera que tú profetizaras y serás transformado en otro hombre"(Samuel I 10:6)

2.- Los profetas ostentan diversos grados, tal como en la sabiduría hay sabios superiores que otros sabios, así en la profecía hay profetas superiores que otros. Todos [los profetas, cualquiera sea su nivel,] perciben la imagen profética solo en sueño o visión nocturna; o durante el día si han caído en trance, tal como dice: "en visión Me revelaré, en sueños le hablaré" (Números. 12:6). Luego de profetizar, todos sus miembros se estremecen y su cuerpo desfallece hasta que queda inconsciente, [es cuando] su mente

---

164 Ver arriba capitulo 2:7.

queda libre[165] para discernir lo que verá, [166]tal como dice con respecto a Abraham: "He aquí que un pavor y una gran oscuridad se abatía sobre él" (Gen. 15:12), y como dice en Daniel: "Y vi la gran visión, y no me quedaron fuerzas porque la lozanía de mi semblante se convirtió en palidez y me faltaron las fuerzas" (Daniel. 10:8).

3.- Las nociones que se le revelan al profeta en la visión profética, se le presenta en forma alegórica, quedando inmediatamente grabada en su mente, la elucidación de dicha alegoría, hasta saberlo [claramente]. Como la "escalera que vio Yaacob, nuestro padre, con los ángeles ascendiendo y descendiendo por ella (Gen. 29:12), siendo todo ello una alegoría sobre los reinos y su avasallamiento[167], tal como los "seres vivientes" que contempló Ezequiel (Ezequiel. 1:5), como la "olla hirviendo"

---

[165] Es decir, desconectada de la realidad (todas las sensaciones corporales, sentidos, impulsos nerviosos, etc.) asignando la mente los recursos mínimos indispensables para subsistir, dejando el cerebro completamente disponible para ocuparse de pleno en los temas proféticos.
[166] En la visión profética.
[167] La visión simboliza a los grandes reinos que llegan a su apogeo y luego sucumben y desaparecen.

y la vara de almendro" que vio Jeremías (Jeremías. 1:11-13), y el "rollo escrito" que divisó Ezequiel (Ezequiel. 2:9) y la "medida (*efá*)" que contempló Zacarias (Zac. 5:6) y así el resto de los profetas. En ocasiones perciben la alegoría y su aclaración, como los casos citados, otras, donde nos relatan solo la dilucidación y otras donde nos describen la alegoría solamente sin descubrirnos su esclarecimiento, como algunos pasajes de Ezequiel y Zacarias; mas, esta claro, que todos los profetas perciben sus profecías por medio de la alegoría o parábolas.

4.- Los profetas, no profetizan en el momento que les place, sino que predisponen su mente, logran un animo alegre y benévolo, y buscan distanciarse, ya que la profecía no se obtiene por medio de la melancolía, ni por medio de la ociosidad, sino por medio del regocijo. Es por esto que los discípulos de los profetas portaban arpas, tambores, flautas y violines, procurando [por intermedio de ellos] alcanzar la profecía[168], a esto se refiere cuando dice: "encontrarás un grupo de profetas bajando del alto con un salterio y un tambor, una

---

[168] Poseyendo ya la sabiduría y entrenamientos necesarios, como quedo claro arriba 7:1

flauta y un arpa delante de ellos y estarán profetizando"(Samuel. I 10:5) es decir se encaminan por los senderos de la profecía, hasta que profetizaban, tal como suele decirse: "fulano se engrandece".

5.- Los que aspiran a profetizar, se los denomina: "discípulos de los profetas[169]", no obstante preparar su mente, es posible que se pose la Presencia Divina[170] sobre ellos o que no se pose[171].

6.- Todo lo que hemos Expresado con respecto a la profecía, es válido para todos los profetas, a Excepción de Moisés, nuestro maestro, padre de todos los profetas. ¿Cuál es la diferencia entre Moisés y el resto de los profetas? I) todos los profetas [reciben la profecía] en sueños o visiones, en cambio Moisés, nuestro maestro, profetiza despierto, en estado de lucidez, tal como dice: "y al allegarse Moisés a la tienda de la reunión para hablar con Él, oía la Voz que le hablaba a él" (Números. 7:89), II) todos los profetas

---

[169] En hebreo: *bene neviim* literalmente: hijos de los profetas.
[170] Es decir llegar a profetizar.
[171] Por ende no profetizaran .

[alcanzan la profecía] por intermedio de un ángel, es por eso que perciben lo que perciben en forma alegórica o simbólica[172], Moisés, nuestro maestro, no percibe por intermedio de los ángeles, pues así fue dicho: "boca a boca habla con él" (Números. 12:8) y agregó: "y hablaba el Eterno con Moisés, rostro a rostro" (Éxodo. 33:11) y dice: "la apariencia del esplendor de Dios, él divisa" (Números. 12:8), es decir, sin alegorías, sino que capta los mensajes directamente, sin metáforas o simbolismos. Es lo que la Torá atestigua de él: "revelación, mas no con parábolas" (ibídem), es decir que no profetiza con alegorías, sino con revelación que obtiene en forma contundente. III) Todos los profetas, temen, se aterran y se impresionan [de las visiones que contemplan], no sucede así con Moisés, nuestro maestro, tal como lo Expresa: "como habla un hombre con su prójimo" (Éxodo. 33:11), es decir, tal como un individuo no siente pavor al escuchar a su compañero, así Moisés, nuestro maestro, poseía el equilibrio mental [y corporal] para entender la profecía

---

[172] Para entender la relación entre el ángel y la forma alegórica de lo captado, ver More Nebujim parte II cap. 45

y permanecer de pie apaciblemente.[173] IV) Los demás profetas no poseen la capacidad de profetizar en cualquier momento que lo desean, no sucede así con Moisés, nuestro maestro, sino que [en todo momento que] desea inmediatamente el Espíritu Divino lo reviste y la profecía se posa sobre él, sin necesidad de [tener que] predisponer su mente, ni perseguirla[174], ya que él [siempre] está orientado y preparado, permanece como los ángeles celestiales. Por los tanto, recibe profecía en todo momento, tal como dice: "y les dijo a ellos: deteneos y habré de escuchar lo que el Eterno prescribirá para vosotros" (Éxodo. 9:8), esto es lo que Dios le aseguró, como dice: "Ve diles a ellos: volved vosotros a vuestras moradas, empero tú, aquí, permanece ante Mi" (Deuteronomio 5:27-28). Has aprendido que todos los profetas, al apartarse de ellos la profecía, regresan a sus moradas, osea, sus necesidades corporales, tal como lo hacen el resto de los hombres, es por eso que no se separan de sus mujeres,

---

[173] Además, Moisés, nuestro maestro, tampoco perdía el dominio de su cuerpo, tal como sucede a las demás profetas, ver arriba 7:2

[174] De la manera en que lo hacían lo discípulos de los profetas.

[en cambio] Moisés, nuestro maestro, no regresó a su morada habitual, desligándose definitivamente de la mujer y todo lo que a ella se asimila[175]; permaneciendo unida su mente a la Fuente eterna, y no se apartó jamás de él la gloria [y majestad] e "irradiaba la piel de su rostro" (Éxodo 34:29), consagrándose como el resto de los ángeles.

7.- Es factible que la revelación que Experimenta el profeta sea personal, [para él mismo], para Expandir su mente, ampliar su sabiduría hasta concebir lo que antes no concebía sobre temas sublimes. Es factible, también, que fuera enviado[176] a un pueblo cualquiera, o a los habitantes de alguna ciudad o reino, para adoctrinarlos, hacerles saber lo que deben hacer, o prevenirlos acerca de la maldad de sus actos. Cuando se lo envía [con algún cometido] se le otorga una señal o prodigio, para que los habitantes del lugar sepan que en verdad fue Dios el que lo envió. No todo aquel que obra una señal o prodigio debe ser considerado profeta, sino, aquel que, a priori, es sabido que es digno de llegar a la profecía, por su sabiduría y actos con los

---

[175] Es decir se aparto de los placeres corporales.
[176] El profeta.

cuales sobresale del resto de los hombres de su edad, encaminándose por los elevados y Exclusivos caminos de la profecía[177]; si luego [de todos estos requisitos] realiza una señal o prodigio, afirmando que Dios lo envió, es nuestro deber escucharlo y obedecerlo, pues esta dicho: "a él escucharán" (Deuteronomio. 18:15). No obstante, es posible que realice una señal o prodigio y en realidad no se trate de un profeta, y esa señal pueda ser atribuida a un truco, aun así debemos escucharlo, por tratarse de un hombre sabio, elevado y digno de tener profecía, lo consideramos como tal. Similarmente nos fue prescrito con respecto a pronunciar el veredicto en un juicio en base a dos testimonios de gente fidedigna, a pesar que pueda Existir una[mínima] posibilidad de que mientan, por tratarse de personas decentes a nuestros ojos, no consideramos que nos engañan[178]. Sobre este tipo de situaciones fue dicho: " "(Deuteronomio. 29:28) y esta escrito: "porque el hombre mira a los ojos, mas el Eterno contempla los corazones" (Samuel. I 16:7).

---

[177] Es decir, el perfeccionamiento racional y el apaciguamiento del deseo de vanas grandezas.
[178] Siempre y cuando no haya razones para pensar lo contrario.

Capitulo 8

1.- El pueblo de Israel no creyó en Moisés, nuestro maestro, por los prodigios que realizó, ya que aquel que cree por los milagros, en su corazón anida la duda, al ser que es factible que la señal fuera realizada por medio de un engaño o artimaña. Sino que todos los milagros que realizo Moisés en el desierto, respondían a necesidades del momento, no para aportar una prueba acerca de [la veracidad de] su profecía, [por ejemplo:] fue necesario eliminar a los egipcios, entonces abrió el mar y los hundió en él; precisaban sustentarse, les hizo descender el mana; estaban sedientos, golpeó pues la roca [y Extrajo agua de ella]; se revelaron contra él la congregación de Koraj, fueron tragados por la tierra, y así con el resto de los milagros. Entonces, ¿en [base] a qué creyeron en Moisés? [la confianza en él quedo sellada] en la escena del monte Sinaí. Que nuestros[179] ojos contemplaron y

179 También en el hebreo original utiliza adrede la primera persona del plural (nosotros), aunque lo apropiado hubiera sido utilizar la tercera persona del plural (ellos)("sus" ojos vieron), en mi opinión no

no Extraños, nuestros oídos lo escucharon y no otros; el fuego, los ruidos, el fulgor, y Moisés se internó en la niebla y la Voz le haba a él y nosotros escuchamos: "Moisés, Moisés, ve diles a ellos tal y cual cosa", y así dijo él: "rostro a rostro habló el Eterno con vosotros" (Deuteronomio 5:4) y fue dicho: "no con nuestros padres concertó el Eterno este pacto" (ibídem). ¿De dónde deducimos que la revelación del Monte Sinaí es la única prueba de que su profecía[180] es verdadera e incuestionable? Pues esta dicho: "he aquí que Yo voy a venir hacia ti, en la espesura de la nube, para que escuche el pueblo al hablar Yo contigo, y también en ti tendrán fe para siempre" (Éxodo. 19:9), se desprende de este versículo, que antes de este suceso, no creían en Moisés de una manera [absoluta y] persistente, sino que con fe que dejaba lugar a dudas y cuestionamientos.

2.- Ocurre entonces, que aquellos a quienes fue enviado [Moisés], se convirtieron en

---

se trata de un detalle que se le paso por alto al autor, sino que se oculta una profunda enseñanza en este pequeño cambio, algo que nos quiso insinuar entre líneas, ver More Nebujim parte II capitulo 33.
[180] De Moisés.

testigos de que su profecía es verdadera. Demás esta realizar para ellos una señal, ya que en este aspecto él[181] y ellos están en el mismo nivel, tal como dos testigos que presenciaron un evento juntos, cada uno es manifestante de que su compañero esta diciendo la verdad, y no precisa Exponerle pruebas al otro[182], así Moisés, nuestro maestro, todo Israel puede testimoniar acerca de él luego de la revelación del monte Sinaí, y por lo tanto, no precisa realizar para ellos un prodigio; esto es a lo que le dijo el Santo Bendito Él a Moisés al comienzo de su profecía, cuando le proveyó las señales a realizar en Egipto, y le dijo: "Escucharán tu voz" (Éxodo 4:1), sabía Moisés, que el que cree por los prodigios, en su corazón anida la duda, la desconfianza y los cuestionamientos, es por eso que se negaba a ir argumentando: "Ellos no creerán en mi" (Éxodo. 4:1) hasta que finalmente el Santo Bendito Él le hizo saber: "que esas señales no eran sino hasta la salida de Egipto, luego de que hubieran salido y hubiesen presenciado la escena del Monte Sinaí, se apartará de ellos las dudas

---

[181] Moisés.

[182] A su compañero que vio el suceso junto a él.

con que desconfían de ti, puesto que Yo te otorgo ahora un prodigio, para que sepan que soy Yo el que te envié desde un principio y no queden dudas en sus corazones" es lo que dicen las escrituras: "y ésta será la señal de que Yo te envié, al sacar al pueblo de Egipto, servirán a Dios en este monte" (Éxodo 3:12). En conclusión, todo profeta que surja después de Moisés, nuestro maestro, no creemos en él solo por los milagros que realiza, para que afirmemos: "si realizara una señal, le obedecerán **en todo** lo que les ordene", sino [que creemos en él] por el precepto que nos encomendó Moisés en la Torá: "Si realizara una señal, a él obedecerán" (Deuteronomio 18:22) tal como se nos prescribió decretar una sentencia con el testimonio de dos personas, a pesar que no [podemos] saber plenamente[183] si en realidad estos testigos dicen la verdad o mienten, de la misma manera debemos escuchar al profeta, a pesar de que Exista una [mínima] duda acerca de la señal que realiza, si es verdadera o pudo haber sido realizada por medio de trucos mágicos.

---

[183] Es decir, siempre puede quedar una mínima duda, ya que nos guiamos por lo que nos dicen y lo que nuestros ojos ven, pero lo que tienen oculto en su corazón, no podemos saber

3.- Por lo tanto, si un profeta e hizo grandes prodigios y maravillas, persiguiendo contradecir la profecía de Moisés, nuestro maestro, es nuestro deber desoírlo, y nos es claro que dichos prodigios y maravillas [que realizó] fueron producto de engaños y trucos; por ser que la profecía de Moisés, nuestro maestro, no esta sustentada sobre milagros como para comparar las señales de éste con aquel, sino que nuestros ojos vieron y nuestros oídos oyeron, tal como él[184] lo oyó. Este caso es comparable a testigos que pretenden convencer a un individuo que vio con sus propios ojos un suceso, y ellos aseguran que no vio [lo que vio]; en dicho caso, no los escuchará ya que tiene la seguridad de que se trata de testigos falsos. Por eso mismo nos advierte la Torá, que no obstante cumplirse la señal o maravilla, no debemos escuchar las palabras de ese profeta, ya que él viene con señales y prodigios para negar algo que hemos visto [claramente] con nuestros propios ojos, y al ser que nosotros no basamos nuestra creencia en los milagros, sino por el precepto que nos encomendó

---

[184] Moisés

Moisés[185], como podríamos desplazar con esta señal, la profecía de Moisés que vimos y oímos[186].

---

[185] Es decir que el motivo por el cual otorgamos cabida a los futuros profetas, es porque la Torá estableció dicho contacto con Dios.

[186] Pues seria una absurda contradicción ya que la autoridad de dicho profeta emana de la Ley de Moisés contra la que él esta atentando, por lo cual, al burlar la Torá, pierde la jerarquía que ella le otorga.

Capitulo 9

1.- Está clara y Expresamente dicho en la Torá que sus leyes son de eterna vigencia, no son susceptibles de modificación, merma o añadidura, pues está escrito: " Todo lo que Yo os ordeno, guardaos para cumplir; nada le añadiréis ni le restaréis" (Deuteronomio 13:1) y fue dicho: "Herencia para nosotros y nuestros hijos eternamente para hacer conforme a todo lo escrito en esta Torá" (Deuteronomio 29:28). De aquí se infiere que todos los preceptos de la Torá nos competen eternamente, es lo que dice: "Leyes eternas para todas vuestras generaciones"(Levitico 23:14) y esta escrito: "Pues ella[187] no esta en los cielos" (Deuteronomio 30:12); de ahí se deduce que a ningún profeta le está permitido introducir innovaciones en la Torá. Por lo tanto, cualquiera, ya sea judío o no judío, que presentando señales y prodigios, afirme que el Eterno lo envío para añadir o restar un precepto, o para dar de cualquiera de los preceptos una interpretación contraria a la que hemos oído de Moisés, o diga que aquellos

---

[187] La Torá y sus preceptos.

que Israel tiene como preceptos no son para siempre ni para todas las generaciones sino solo temporarios, he aquí que se trata de un falso profeta, puesto que viene a contradecir la profecía de Moisés. [Quien afirme esto en nombre de la profecía], es pasible de la pena capital, por la perversidad de hablar en nombre del Eterno cuando Éste no se lo ordenó, ya que Él, bendito Su Nombre, ordenó a Moisés que esta Ley fuera para nosotros y para nuestros hijos hasta la eternidad, y Dios no es un hombre como para mentir[188].

2.- Entonces, ¿Por qué esta escrito en la Torá: "Les haré surgir un profeta de entre sus hermanos, como tú, y pondré Mi palabra en su boca y dirá a ellos todo lo que les prescriba" (Deuteronomio. 18:18)? [Es que el profeta aludido] no vendrá a establecer una nueva religión, sino a reafirmar las palabras de la Torá y a prevenir al pueblo que no la transgreda, como dijo el último de los profetas: "Recordad la Torá de mi siervo Moisés" (Malaquías. 3:22). Por lo tanto, [si un profeta] nos dictaminase algo que no esta

---

[188] O cambiar de parecer, es decir que una vez que se afirmo que serian leyes eternas, no puede un mortal perseguir el fin de pretender cambiarlas.

escrito en la Torá, por ejemplo, que se trasladen a tal lugar, o no ir a tal sitio, o comenzar la guerra tal día, o no comenzar una guerra, o construir tal muralla, o no construirla; es nuestro deber obedecerle, y el que no lo hace , desde los cielos será penado[189], tal como dice: "y será que el hombre que no escuchare Mis palabras, lo que él hablare en Mi Nombre, Yo lo demandaré de él" (Deuteronomio 18:19).

3.- Asimismo, aquel profeta que violare su propia palabra[190], o que se abstiene de transmitir su profecía[191], es igualmente penado desde los cielos y sobre estos tres casos[192] fue dicho: "Yo lo demandaré de él" (Ibídem), así también, si un profeta que ya fue confirmado como tal, nos encomendara transgredir uno o varios de los preceptos de la Torá, en forma momentánea, ya sean de los

---

[189] Por ejemplo, muerte prematura, accidentes de tránsito, etc.
[190] Es decir, que transgrede lo que él mismo prescribió en nombre de Dios.
[191] Es decir, que Dios lo envío a decir o hacer algo y se abstiene de realizarlo, como el profeta Iona.
[192] a) El que no escucha la palabra del profeta, b) el profeta que viola su propia palabra y c) el profeta que se abstiene de cumplir lo que Dios le encomendó.

más leves[193] o de los más graves[194], es nuestro deber obedecerlo, pues así estudiamos de los antiguos sabios quienes lo recibieron inequívocamente: "cualquier precepto que te ordenara el profeta[195] transgredir, tal como Eliahu en el Monte Carmel[196], escúchalo, a Excepción de la idolatría,[197] y lo obedecemos siempre y cuando se trate de un incumplimiento temporal, como el caso de Eliahu en el Monte Carmel, en el que ofreció una ofrenda fuera [del Templo de Jerusalem]; y en Jerusalem se encontraba el lugar designado [para elevar las ofrendas y holocaustos] y todo aquel que ofrenda fuera de aquel lugar es pasible de pena[198], [no obstante] por tratarse de un profeta, es un deber obedecerlo[199], sobre esto fue dicho: "a él deberás escuchar" (Deuteronomio 18:15) y si [hipotéticamente] le hubiésemos preguntado a Eliahu: "¿transgrediremos

---

[193] Por ejemplo rezar, colocarse las filacterias, etc.
[194] Por ejemplo, Shabbat.
[195] En calidad de profecía.
[196] Ver Reyes I capitulo 18
[197] Que a pesar que el profeta nos encomiende hacer idolatría por única vez, no lo escuchamos.
[198] Muerte espiritual de su alma.
[199] Ya que fue en calidad de temporal, por única vez, luego se continuaría ofrendando en Jerusalem.

lo escrito en la Torá: `Cuídate, no sea que ofrezcas tus holocaustos en cualquier lugar`" (Deuteronomio 12:13) nos hubiese contestado: "ese versículo se refiere al que sacrifica en forma permanente fuera [del lugar designado para ello] es pasible de pena[11], tal como encomendó Moisés, mas yo ofrendaré fuera [de aquel lugar] por orden de Dios para humillar a los falsos profetas". De esta manera si nos encomendara cualquier profeta, transgredir momentáneamente, es nuestro deber acatarlo. Empero, si nos especifica que dicha violación [es de ahora en mas] para siempre, [dicho profeta] tiene la pena capital, pues la Torá nos advirtió: "para nosotros y nuestros hijos para siempre" (Deuteronomio 29:28).

4.- Asimismo, si [un profeta] nos incita a transgredir algo que nos transmitieron en forma incuestionable[200] o que al respecto de una controversia entre los sabios[en lo que hace al detalle de algún precepto] asegura que Dios le encomendó que así es la elucidación [de dicho controversia], y el veredicto es conforme a la opinión de tal sabio, he aquí que

_____

[200] Es decir que jamás surgió duda al respecto que así debía ser.

[se trata] de un profeta falso y es penalizado con la pena máxima, a pesar de que haya obrado prodigios, pues para desmentir la Torá se yergue; y ella[201] nos afirma: "No esta en el cielo" (Deuteronomio 30:12) no obstante, si todo esto es con carácter momentáneo, debemos escucharlo.

5.- [Todo lo que dijimos] se aplica en todos los preceptos, a Excepción de la idolatría, en cuyo caso, no lo obedecemos[202] ni siquiera en forma temporal, a pesar que realice grandes señales y maravillas; si afirmase que Dios le encomendó se haga idolatría solo por ese día, o solo en ese momento, he aquí que habla apostasía contra Dios y sobre esto nos advierten las escrituras: "y viniera a suceder el signo o el prodigio que te había hablado, diciendo: -vamos en pos de otros dioses... no habrás de escuchar las palabras del profeta aquel... pues ha hablado palabra desviadora sobre Dios" (Deuteronomio 13: 3-4-6) puesto que viene a contradecir la profecía de Moisés. Por lo tanto nos será claro que se trata de un

---

[201] La Torá.
[202] A aquel profeta.

falso profeta[203], y todo lo que hizo[204], lo hizo por medio de engaños y trucos, y es pasible de la pena capital.

---

[203] Ya que la Torá nos previene, que Dios jamás encomendará jamás tal cosa (Deuteronomio 13:3-4-6) por lo tanto se trata de un farsante.

[204] Las grandes señales y prodigios.

Capitulo 10

1.- Todo profeta que se alzara y afirme que Dios lo ha enviado, no es necesario que realice una señal como las señales que obró Moisés, nuestro maestro, o como los prodigios de Eliahu o Elisha[205], los cuales acarrean un cambio en la naturaleza, sino que basta con que prediga eventos que acaecerán[206] y [con esto] le creemos, pues esta escrito: "y si dijeres en tu corazón: ¿Cómo habremos de saber...?"(Deuteronomio 18:21) por ello, cuando se presentare un individuo apropiado para recibir profecía[207], enviado por Dios y no pretenda agregar ni menguar [a la Torá], sino servir a Dios por medio de los preceptos de la Torá, no se le Exhorta: "ábrenos el mar o revive a un muerto o cosas por el estilo y luego te creeremos", sino que le decimos: "Si realmente eres un profeta, di lo que

[205] Ver Reyes II cap. 1 y subsiguientes.

[206] Debe vaticinar sin trivialidades, con lujo de detalles y Exactitud, cuando sucederá, y si uno de los detalles no sucediera así u ocurriere así empero unos minutos antes o después de lo que él anuncio, no se le considerará por señal, es decir no se le tolera el mas leve desvío o libre interpretación.

[207] Con las condiciones Expuestas arriba, capitulo 7:1

acontecerá" y aguardamos a ver si sucede tal como lo anunció o no. Basta que falle en un pequeño detalle para que sea tildado de falso profeta, mas si todo se cumple tal cual lo predijo, será a nuestros ojos [un profeta] fidedigno.

2.- Se lo debe Examinar varias veces, si todas sus predicciones se cumplen, se trata de un profeta verdadero, tal como se afirma sobre Samuel: "y supo todo Israel, desde Dan[208] hasta Beer Sheba[209] que Samuel era fiel profeta de Dios" (Samuel. I 3:20).

3.- ¿Acaso los adivinos o astrólogos no predicen lo que acaecerá? ¿Qué diferencia hay entre ellos y el profeta? [la diferencia radica en que los vaticinios de] los adivinos, astrólogos y similares, algunas cosas que presagian se cumplen y algunas no, tal como dice: "Que ahora los astrólogos, los adivinos y los pronosticadores se levanten y te salven de lo que vendrá sobre ti" (Isaías. 47:13), "De lo que vendrá" dice y no "de *todo* lo que vendrá". Así también, es factible que no se cumpla nada de lo que [aquel adivinador]

---

[208] Extremo norte del reino.
[209] Extremo sur del reino.

dijo, o más aun, que falle en todo [lo que predijo], como esta escrito: "que frustra las señales de los impostores y hace enloquecer a los adivinadores" (Isaías. 44:25). Empero, con respecto al profeta, todas sus palabras se cumplen, como dice: "Pues no caerá a tierra la palabra del Eterno" (Reyes II 10:10), y así también: "el que reciba Mi palabra, diga Mi palabra fielmente, ¿Qué tiene que ver la paja con el trigo? dice el Eterno[210]" (Jeremías. 23:28), es decir que las palabras de los adivinos y los astrólogos es como paja que esta mezclada con un poco de trigo, mas la palabra del Eterno es como trigo que no tiene nada de paja; esto es lo que aseguran las escrituras al decir que aquellos astrólogos y adivinos con engaño vaticinan a los pueblos, [en cambio] el profeta les hace saber cosas verdaderas de modo que ustedes no precisan adivinos, hechiceros o similares, pues esta dicho: "no habrá de hallarse en ti... quien practique adivinación, ni mago ni hechicero... pues la gente esta... a hechiceros escuchan... en cuanto a ti, no así te ha concedido el Eterno, (sino que), profeta de en medio

---

[210] Es decir si por ejemplo el profeta se refirió al trigo y sucede sobre el heno, no puede considerársele como valido.

de ti... te hará surgir el Eterno tu Dios, a él deberás escuchar" (Deuteronomio 18: 10-14-15) Se deduce de aquí que la función del profeta hacía nosotros, es hacernos saber los sucesos que habrán de ocurrir en el mundo, abundancia, hambre, guerra, paz y cosas por el estilo; aun cuestiones particulares [el profeta] le informará, tal como Saúl que Extravió algo y recurrió al profeta para que le devele donde encontrarlo[211], estos y cosos similares es lo que pregonará el profeta[212]. [Por lo tanto, su función] no es fundar una nueva religión, ni aumentar preceptos o disminuirlos.

4.- Las desgracias que los profetas vaticinan, por ejemplo: que fulano morirá, o que tal año será un año de hambre o de guerra, o cosas por el estilo, si no sucediera lo que predijo, esto no implica una impugnación de su profecía, al punto de proclamar: -¡He aquí que habló y no sucedió!, sino que, el Santo

---

[211] Samuel I capitulo 9

[212] Es por eso que no corresponde enojarse con el profeta cuando pregona malos sucesos, tal como dice Moshe (Num. 16:11: "-Y Aarón, ¿qué es él para que os enojéis con él?) que el profeta predice lo que sucederá a consecuencia de nuestros actos, no es que él forja lo que acaecerá, ver Hiljot Teshuva capítulo 5:4

Bendito Él, es misericordioso, bondadoso y no se complace trayendo el mal, es factible que hayan vuelto [de sus malos caminos] y [Dios] los perdone, como el pueblo de Nínive[213], o que [Dios] les haya postergado [la desgracia merecida] como sucedió con el rey Jizquiahu[214]. Empero si [el profeta] presagia bonanza[215], pregonando que acontecerá tal y cual cosa, y no sucediere el bien que auguró, es claro que se trata de un profeta falso, pues toda cosa buena que decreta Dios, aunque anteponga condiciones [para que sobrevenga dicho bien], no se revierte. Se desprende de aquí, que solo se lo Examina[216] al profeta con predicciones positivas, es lo que argumenta Jeremías en su réplica a Janania hijo de Azur[217], cuando se encontraba Jeremías profetizando calamidades, mientras que Jananíá profetizaba buenaventura, Jeremías le recrimina: "si no suceden mis palabras, eso no atestigua contra mí que soy un profeta falso, mas si no se concretan tus palabras, se sabrá claramente que eres un profeta falso",

213 Ver libro de Jonás.
214 Ver Isaías 48
215 Como ser: años buenos y prósperos.
216 Al comenzar a profetizar, para saber si se trata de un profeta verdadero o falso.
217 Un profeta falso.

como esta escrito: "Pero oye ahora esto que digo... en oídos de todo el pueblo:... si se cumpliere la palabra del profeta que profetiza la paz, será conocido como un profeta a quien el Eterno envió en verdad" (Jeremías 28: 7-9)

5.- Si un profeta[218], atestigua con respecto a un [nuevo] profeta [que éste ultimo es realmente] profeta, lo consideramos como tal y no precisamos Examinarlo, pues así Moisés, nuestro maestro, atestiguó acerca de Josué y todo Israel creyó en él[219] aun antes de que éste realizara alguna señal, [de esta misma manera se establece] para el resto de las generaciones. Un profeta que planteó sus profecías y se concretaron, una y otra vez , o que otro profeta testimonió sobre él y éste era un individuo que se encaminaba por las sendas de la profecía[220], nos está vedado sospechar de él y sospechar que su profecía no sea verdadera, como así también es ilícito probarlo más de lo necesario, de modo que se lo esté evaluando constantemente, pues esta escrito: "No habréis de probar al Eterno vuestro Dios, como habéis probado en

---

[218] Ya confirmado como tal.
[219] En Josué.
[220] Como se especifica arriba, capitulo 7:1

Massah" (Deuteronomio 6:16) donde dijeron: "¿en verdad Dios está con nosotros o no?" (Éxodo 17:7), sino que una vez establecido que se trata de un [verdadero] profeta, le creerán y sabrán que el Eterno esta en medio de ellos y no sospecharán ni dudarán de él, como fue dicho: "Y sabrán que profeta hay entre ustedes"(Ezequiel 2:5).

Con la gracia de Dios, hemos concluido este coloquio acerca de los principios fundamentales de la Torá; loas y alabanzas al Señor que nos inspiró en la traducción y nos concedió el mérito de Expandir Su sabiduría entre los seres humanos.